監修者――加藤友康／五味文彦／鈴木淳／高埜利彦

［カバー表写真］
東大寺盧舎那仏

［カバー裏写真］
平城宮大極殿
（復元）

［扉写真］
聖武天皇像（左上）
（『四聖御影』永和本，東大寺）

日本史リブレット人007

聖武天皇

帝王としての自覚と苦悩

Terasaki Yasuhiro
寺崎保広

目次

言葉からみる聖武天皇像

　聖武天皇(七〇一〜七五六)は、奈良時代を代表する天皇である。即位したのが七二四(神亀《じんき》元)年、それから七四九(天平勝宝《てんぴょうしょうほう》元)年に譲位するまで足かけ二六年の在位年数は、平安《へいあん》時代最初の桓武《かんむ》天皇▲とならび、八世紀では最長となる。何より、平城京《へいじょうきょう》という都じたいが聖武の即位を想定してつくられたものであるから、奈良時代が七一〇(和銅《わどう》三)年の平城遷都《せんと》を起点とするならば、実質的に聖武天皇の歩みとともにスタートしたといえる。

　天皇になるべくして生まれ、帝王学の教育を受けて育ち、皇太子を経て二四歳で即位、と順調に進んでいった。しかし即位後は、長屋王《ながやおう》の変《へん》、天然痘《てんねんとう》の大流行による多数の死者の発生、藤原広嗣《ふじわらのひろつぐ》の乱《らん》と、つぎつぎに困難な事態に遭

▼**桓武天皇**　七三七〜八〇六。在位七八一〜八〇六。天智《てんじ》天皇孫の光仁《こうにん》天皇の子で、母は高野新笠《たかののにいがさ》。即位後に平城京から長岡京《ながおかきょう》、さらに平安京に遷都し、平安時代最初の天皇となった。

遇し、聖武は平城京をすてるという決断に追い込まれてしまう。都《みやこ》は五年後には平城京に戻ってくるが、その頃には国分寺《こくぶんじ》建立《こんりゅう》や大仏造営《だいぶつぞうえい》などに端的にみられるように、聖武は仏教への信仰を深め、その力によって国の安泰をひたすら願うという方向に向かってゆくようである。やがて体調不良に悩みながら、天皇としてはじめて出家《しゅっけ》し、娘の孝謙《こうけん》天皇に譲位。その後、大仏開眼《かいげん》を見届けたのち、長年つれそってきた光明皇太后《こうみょうこうたいごう》に見取られながら、五六歳の生涯をとじた。

以上、聖武天皇の生涯を駆け足でたどったが、より詳しく人物伝を書こうとした場合、在位期間中の重要な事柄にふれようとすると、奈良時代史を概説することになりかねず、とても小著におさめることができない。そこで、ここでは聖武天皇自身に直接かかわることを中心に記述し、その間に出された政策などの多くは省略することとした。一方、聖武自身にかかわるということで、本書では天皇の言葉をいくつか現代語訳にして紹介した。

天皇が発する言葉は「詔《しょう》」や「勅《ちょく》」と呼ばれる。天皇の意向を受けた中務省《なかつかさしょう》▲が内容を文章にまとめ、それを天皇が確認のうえ、関係役人の署名をとって発布

▼**中務省**　八省《はっしょう》の一つ。天皇の国事行為にかかわる事務を担当する。詔勅の文案作成、上表文《じょうひょうぶん》の受納、後宮《こうきゅう》や女官《にょかん》の統轄などで、八省の筆頭に位置づけられる。

される。それらは漢文体で表記されるのが常であるが、時には多くの官人《かんじん》たちを前にして、天皇の言葉を口頭で伝える場合がある。それが「宣命《せんみょう》」である。天皇の即位や改元《かいげん》といったとくに重要な場では、宣命が発せられることが多い。

奈良時代とその前後にわたる六九七（文武《もんむ》元）年から七九一（延暦《えんりゃく》十）年までを記述する正史『続日本紀《しょくにほんぎ》』（以下『続紀《しょっき》』と略称）は、他の六国史《りっこくし》▲と違って、この宣命の文章を漢文体になおさずにそのまま掲載するという特徴があり、奈良時代の「やまとことば」を考えるための有力な手掛りとして、江戸時代の本居宣長《もとおりのりなが》をはじめ多くの研究が積み重ねられている。文体のみならず、天皇の発した宣命は、その内容・言い回しなどにも天皇ごとの個性があり、いわば天皇の肉声の一端を伝えているのである。

以上のようなことに留意しながら、聖武天皇の生涯をたどっていきたい。

▼**六国史**　天皇の命令を受けて編纂した国の歴史書の総称。『日本書紀《にほんしょき》』『続日本紀《しょくにほんぎ》』『日本後紀《にほんこうき》』『続日本後紀《しょくにほんこうき》』『日本文徳天皇実録《にほんもんとくてんのうじつろく》』『日本三代実録《にほんさんだいじつろく》』をいう。

①—聖武天皇即位まで

誕生

七〇一(大宝《たいほう》元)年正月元日、文武《もんむ》天皇▲は藤原宮《ふじわらきゅう》の中心に完成した大極殿《だいごくでん》▲で朝賀《ちょうが》の儀式を行った。『続紀《しょっき》』はそのようすを次のように記している。

天皇、大極殿に御《ぎょ》して朝《ちょう》を受《う》く。その儀は、正門に烏形の幢《どう》を樹《た》て、左には日像・青龍《せいりゅう》・朱雀《すざく》の幡《ばん》、右には月像・玄武《げんぶ》・白虎《びゃっこ》の幡なり。蕃夷《ばんい》の使者、左右に陳列《じんれつ》す。文物の儀ここに備《そな》われり。

七〇一年は藤原京遷都《せんと》から八年目、文武天皇が即位してから五年目にあたる。古代では、元日に天皇が大極殿に着座し臣下《しんか》による年賀の挨拶を受けることは、毎年の恒例行事のなかでももっとも重要な儀式であり、ここでは合計七本の幢と幡を飾り立て、外国の使者も招いてはなやかな朝賀の儀が行われたことを記し、これを「文物の儀がここに備わった」と特記している。そこには、単に儀式が整備されたというだけではなく、六四五(大化《たいか》元)年の大化改新《かいしん》以来の半世紀におよぶ国家づくりが、ようやく完成をみたという感慨がこめられているように思

▼**文武天皇**　六八三〜七〇七。在位六九七〜七〇七。天武天皇の孫で、草壁皇子の子、母は阿閇皇女(のち元明天皇)。

▼**大極殿**　古代宮都《きゅうと》の正殿《せいでん》で、国家的な儀式・政務の時に天皇が着座する殿舎《でんしゃ》のこと。宮の中央に位置し、建物規模も大きい。藤原宮において成立し、平城宮以後に受け継がれた。

▼**粟田真人**　?〜七一九。遣唐使として海をわたり七〇四年に帰国した。その後、中納言《ちゅうなごん》、正三位まで昇進したが、彼らが唐でえた知見が平城京造営にいかされた可能性が高い。

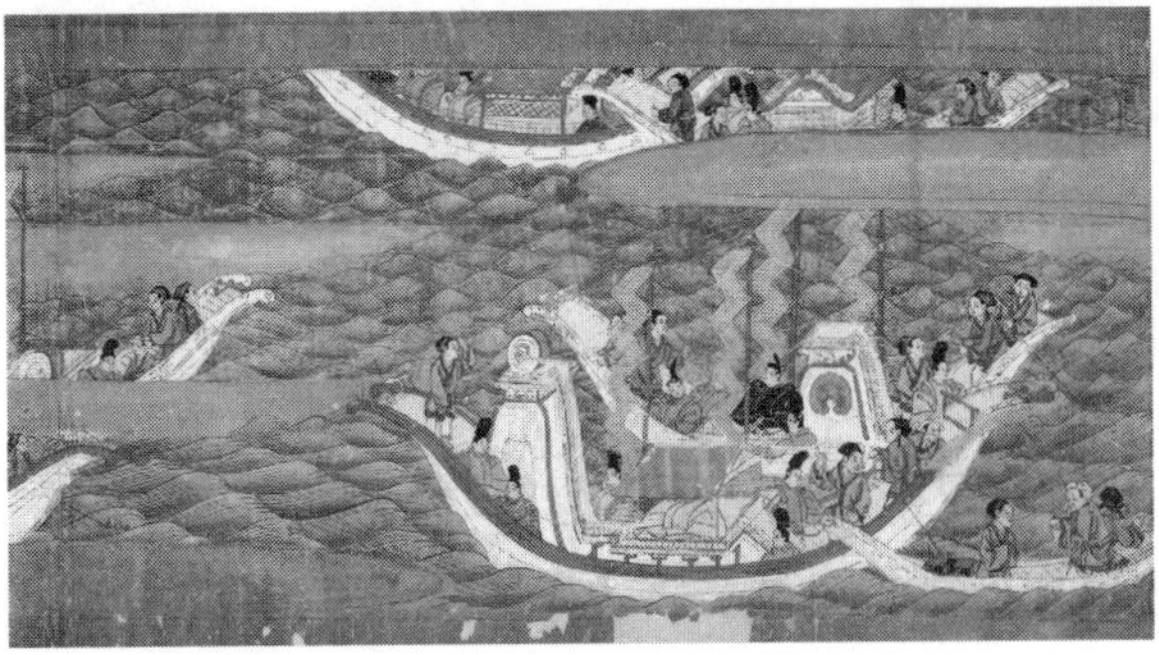

『鑑真《がんじん》和上《わじょう》東征絵伝《とうせいえでん》』（十三世紀）に描かれた遣唐使船

われる。

七〇一年という八世紀最初の年は、「大宝」というわが国初の全国的制度としての元号《げんごう》が始まった年であり、同年には、律《りつ》と令《りょう》が備わった大宝律令が完成し、天皇を中心とする中央集権国家が名実ともにできあがり、それにともなう宮廷《きゅうてい》儀式が整備され、そうした場としての藤原宮も完成をみた時期でもあったのである。このような「国家の完成」といった自信を背景にして、久しぶりに東アジア世界に復帰するかのように遣唐使《けんとうし》の派遣が決まった。翌年に出発した粟田真《あわたのま》人《ひと》▲の一行は、正式な使者としては三十数年ぶりに彼の地を訪ね、そこで皇帝（則天武后《そくてんぶこう》）に対して「日本」という国号《こくごう》を使うことの承認を求めたのであった（吉田一九九七）。

その七〇一年に、一九歳となった文武天皇ははじめての男子誕生を迎えた。それが首《おびと》親王（首皇子）であり、二三年後に即位して聖武天皇となる本書の主人公である。首の母は藤原宮子《みやこ》で、文武天皇は宮子夫人のほかに石川刀子娘《いしかわのとじこのいらつめ》と紀竈門娘《きのかまどのいらつめ》の二人を妃《ひ》としたが、ともに失脚し、その子たちも臣籍《しんせき》にくだった（角田一九八五）。したがって、結果として文武の子どもで残ったのは、宮子の

▼藤原不比等　六五九〜七二〇。鎌足の子で、光明皇后・武智麻呂らの父。持統天皇以降、天皇の信頼をえて政府の要職を歴任し、大宝律令・養老律令の編纂や平城遷都などに中心的役割を果たした。

▼持統天皇　六四五〜七〇二。在位六九〇〜六九七。天智天皇の娘で、天武天皇の皇后となり、天武没後に即位し、夫のやり残した制度改革を受け継ぎ、文武に譲位後は上皇として天皇を支えた。

▼県犬養三千代　?〜七三三。後宮《こうきゅう》の女官《にょかん》として長く仕えた。初め美努《みの》王に嫁し葛城《かつらぎ》王（橘諸兄《たちばなのもろえ》）らを生み、のち藤原不比等に嫁して光明子を生んだ。七〇八年、代々の天皇に仕えたことを嘉して「橘宿禰《すくね》」の姓を賜った。

産んだ首親王ただ一人であった。

宮子は藤原不比等《ふひと》▲の長女である。不比等は七〇一年の時点で四三歳、正三《しょうさん》位《み》・大納言《だいなごん》の地位にあった。彼の上位には、阿倍御主人《あべのみうし》と石上麻呂《いそのかみのまろ》の二人がいたが、ともに六〇歳を超える高齢であり、実質的には不比等が政府の中心人物となりつつあった。何よりも、持統太上《じとうだいじょう》天皇▲の信任が厚く、その了解のもとに娘を文武天皇に入れ、念願の男子が誕生したのであった。ただし、宮子は出産後に重い鬱《うつ》病にかかり人前に出られなくなり、はじめて息子と対面したのは実に三六年後のことであった。

同じ七〇一年、不比等にはもう一つの慶事があった。室の県犬養三千代《あがたいぬかいのみちよ》▲とのあいだに女子が誕生したのである。不比等にとっては三女にあたり、安宿媛《あすかべひめ》、またの名を光明子《こうみょうし》と称した。のちの光明皇后である。首親王は誕生後まもなく母のもとから引き離され不比等の邸宅で養育されたであろうという見解があり（瀧浪二〇一七）、十分ありうることと思う。そうであれば、首親王と光明子は幼なじみとして一緒に育てられた可能性が高いといえる。

聖武天皇関係系譜（□は女性）

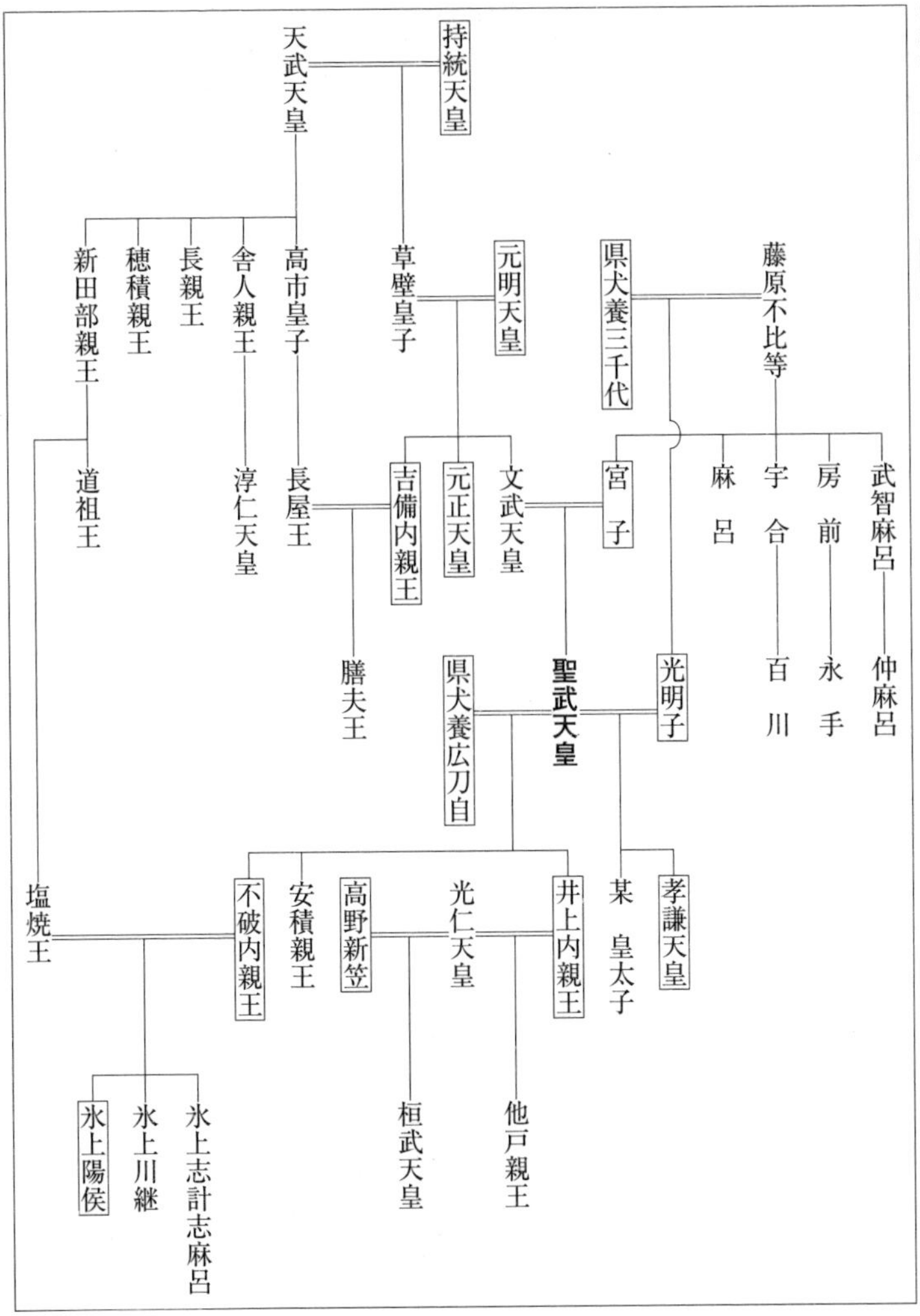

文武天皇の急逝

大宝律令が施行され、それに基づく諸制度がつぎつぎと実施に移されているなか、七〇七(慶雲《けいうん》四)年六月十五日に、文武天皇が病没した。まだ二五歳の若さであった。思えば、その父、草壁《くさかべ》皇子▲も二八歳で亡くなっており、聖武天皇自身も病気がちであったから、蒲柳《ほりゅう》の血筋といっていいのかも知れない。

さて、文武天皇の死を契機に、皇位継承者問題が持ち上がったとみられる。この時点での状況を確認しておけば、遺された首親王のほかに、文武の兄弟はなく、文武からみれば叔父にあたる天武《てんむ》天皇▲の男子として、舎人《とねり》・長《なが》・穂積《ほづみ》・新田部《にいたべ》の四親王が存命している。こうした非常時を乗り切るのにもっとも頼りとなる持統上皇は、すでに七〇二(大宝二)年に亡くなっていた。

宮廷内では、さまざまなことが議論されたのであろうが、結局、皇位についたのは、文武天皇の母で、草壁皇子の妻であった阿閇皇女《あべのひめみこ》である。彼女は一カ月後に即位して元明《げんめい》天皇▲となった。そして、その即位の宣命《せんみょう》のなかで、文武から元明への皇位継承の事情が臣下たちに明らかにされ、その宣命にはじめて登場するのが、「不改常典《ふかいのじょうてん》」という語句である。一部、訳してみよう。

▼**草壁皇子**　六六二〜六八九。天武天皇と皇后(のち持統天皇)の子で、天武の皇太子となったが、即位前に病没した。妃の阿閇皇女とのあいだに、後の文武天皇・元正天皇らをもうけている。

▼**天武天皇**　?〜六八六。在位六七三〜六八六。舒明《じょめい》天皇の子で、母は皇極天皇、天智天皇の弟。壬申の乱後に即位し、律令編纂、都城の建設など、律令国家づくりに邁進した。

▼**元明天皇**　六六一〜七二一。在位七〇七〜七一五。天智天皇の娘で草壁皇子の妃。子の文武天皇の後を受け継ぎ平城遷都を実現した。

●元明即位宣命　慶雲四(七〇七)年七月十七日

持統天皇は丁酉年《ていゆうのとし》(六九七)八月に天皇の地位を文武天皇に譲られてのち、天皇とともに天下をおおさめになった。これは、恐れ多くも天智《てんじ》天皇が、天地・日月とともにながく改めてはいけない常《つね》の典《のり》として定められた法を承《う》けて行ったことである。……

ところが去年十一月に文武天皇は私に対して『自分は病気にかかっており、それをなおすために天皇の地位を譲りたい』といわれ、私はその任ではないと固辞した。その後何度も譲位の意向を示されたので、今年の六月十五日に『お受けする』と申し上げ皇位につくこととなった。……

親王以下すべての官人が浄く明らかな心をもってつとめ、朕《ちん》を支えてくれることこそ、この天皇がおさめるべき国の政《まつりごと》が平安で長く続くことであろう。また、天地・日月とともにながく改めてはいけない常の典として立てられたこの天皇がおさめるべき国の法も、ゆるぎなく続くであろうと思う。

ここでいう天智天皇が定めた「改めてはいけない常の典(不改常典)として定め

▼天智天皇　六二六～六七一。在位六六八～六七一。舒明天皇の子で、中大兄《なかのおおえ》皇子と称した。六四五年以降の大化改新の中心人物。

られた法」というものが何をさすか、をめぐって長いあいだ、論争が続いている。その議論をごくおおまかにいえば、一つは、成文法典のことであり、具体的には天智朝につくられたとされる「近江令《おうみりょう》」▲をさすという説と、もう一つは、皇位継承にかかわるなんらかの原則のようなものとする説に大別でき、そのうち後者はさらに、どのような原則なのかをめぐって諸説があるといってよい。ここで不改常典の問題に深入りすることは避けるが、私は成文法典ではないと考え、皇位継承の原則として、「先帝の意思による譲位」を意味するとする解釈(熊谷二〇一〇)がもっとも妥当だと考える。

　そのうえで、右の元明天皇の即位宣命を簡単にいえば、「文武天皇の即位は持統による譲位に基づくものであり、自分の即位もまた同様に先帝(文武)の生前の意思によるのだ」というのが主旨となっているのである。さらに、元明が即位するということが何を意味するかといえば、この一七年後のことになるが、聖武天皇の即位宣命のなかで事情が明らかにされている。そこで少し先走って、その宣命を紹介してみよう。

▼**近江令**　天智天皇の時に制定されたとされる令で、律はともなわない。ただし、体系的な法令として成立していたかどうか、疑わしい。

● 聖武のコトバ①　神亀《じんき》元(七二四)年二月四日

元正天皇がおっしゃることには「この天皇の地位は、汝《なんじ》の父である文武天皇が汝に賜ったものである。しかし、その時には汝が齢若く、その重責を担うのはむずかしかろうと判断されて、文武天皇の母にあたる元明天皇に授けられたのである。そこで元明天皇は天下を統治されたが、霊亀《れいき》元(七一五)年にその地位を朕に授けた時に、次のように教えられた。『天智天皇がながく改めてはいけない掟として定められた法にしたがって、のちには首親王にまちがいなく授けよ』と。

そうしていたところ、去年九月に天地は大瑞《たいずい》を出現させた。この大瑞は朕の世のためにあらわれたものではあるまい。今まさに皇位を嗣《つ》ぐべき世に応《こた》えてあらわれたものであろうと思う。そこで養老《ようろう》八(七二四)年を神亀元年と改め天皇の地位をわが子である汝に授けるものである」と。

この元正天皇の言葉をつつしんでうけたまわったが、天皇の命令なので辞退するのも恐れ多く、かといって朕は拙《つたな》くおろかで何も知らない身であるから、進退いかがすべきかと思い悩んだ。しかし、天地のめぐみにも思いをいたし、また官人《かんじん》たちの心もありがたく思うこととした。それゆえ、親王以下の臣下たちは清く明るく素直な心をもって朝廷《ちょうてい》をたすけて、天下の民をおさめなさい。

この前半部分にあるように、文武天皇は、本来であれば次は首親王に継がせるべきであったが、まだ年齢が若くて重責にたえられないだろうと考えて、ひとまず元明に皇位を委ねたこと、そしてさらに元明は「確実に首親王に伝えよ」といって元正が後を継いだということを、聖武天皇は譲位する元正天皇から聞いたと述べているのである。

以上、元明と聖武の二人の即位宣命をそのまま受け取れば、文武が譲位を表明した時点で、その子・首親王がやがて皇位につくことが定まっていたことになるが、はたしてそれは事実なのであろうか。

文武が亡くなる直前の動向を『続紀』巻三によってまとめると、次ページ表のとおりである。

ここには、不思議なことに文武が健康面で問題をかかえていたことをうかが

慶雲3年正月以降の『続日本紀』巻3記事

慶雲3(706)年

正月1日，大極殿に出御し受朝。4日，新羅使，調を貢ず。7日，新羅使を朝堂に饗し授位。12日，新羅使帰国。新羅王に勅書を賜う。17日，大射の禄法を定む。

閏正月5日(任官記事)。京畿ほか疫病のため医薬を賜う。諸寺社を掃い清め，また盗賊の捕縛を命ず。13日，新羅の調を伊勢神宮・七道の諸社にたてまつる。勅して調庸保管官司について指示。20日，勅して天下疫病につき祈禱を命ず。28日，泉内親王を伊勢に派遣。

2月6日(死亡記事)。7日，知太政官事穂積親王の季禄を右大臣に准ず。14日(任官記事)(多産記事)。16日，河内以下7国飢饉により賑恤。詔して四位を食封対象とし位禄の額を改定。「七条の事」を制す。22日，遣唐使の船に授位。23日，内野に行幸。25日，五世王の朝服の制を実施。26日，京畿内に盗賊の捕縛を命ず。甲斐ほかの19社を祈年祭の班幣対象とする。

3月13日(多産記事)。14日，詔して京内の礼儀・風俗の乱れの取締りを命ず。山沢の占有を禁ず。

4月29日，河内など7国の飢疫に対し遣使，賑恤。

5月15日(祥瑞)。

6月1日(日蝕)。4日，京畿内の名山大川に祈雨。24日(死亡記事)。

7月11日(任官記事)。20日(任官記事)。24日，丹波・但馬・大和の山火事に遣使。27日(任官記事)。28日(祥瑞)。諸国飢饉・旱に対し賑恤，復除。

8月3日，越前の山火事に遣使。21日，遣新羅使任命。29日，田形内親王を伊勢に派遣。

9月3日(任官記事)。15日，七道に遣使し田租の法を定む。25日，難波へ行幸。

10月12日，宮に還る。行幸関係者に叙位。15日，行幸関係者に復除。

11月3日，新羅国王に勅書を出す。8日(任官記事)。

12月1日(日蝕)。6日，多紀内親王を伊勢に派遣。9日，勅して白袴の着用を命ず。

この年，諸国疫疾，百姓多く死す。儺を行う。

慶雲4(707)年

2月6日，諸国疫につき遣使，大祓。19日，五位以上に詔して遷都の議論を命ず。22日(改姓)。25日，大極殿に出御し授位。

3月2日，遣唐副使帰国。22日(改姓記事)。26日，23カ国の牧に牛馬の焼印を賜う。

4月13日，草壁皇子の薨日を国忌とする。15日，詔して藤原不比等に食封を賜う。四位以上に封戸を賜う。29日，全国の疫病・飢饉に賑恤・奉幣・読経を命ず。山田御方に賜物。

5月2日，兵部省，武官の上日を太政官に報告。8日(任官記事)。15日，帰国した遣唐使に賜物。16日(多産記事)。21日，畿内の長雨につき遣使・賑貸。26日，白村江の捕虜の帰国者に賜物。28日，遣新羅使帰国。

6月1日(日蝕)。15日，天皇崩御。16日，殯宮担当者を任命。初七〜七七日，四大寺で設斎。

10月3日，造御竈司・造山陵司・御装司任命。

11月12日，誄をたてまつる。謚して飛鳥岡で火葬。20日，檜隈安古山陵に埋葬。

▼**封戸**　貴族や寺社などにあたえられた給与の一つ。指定された戸が負担する税の行き先が国庫ではなく、封戸をあたえられた封主のもとに送られる制度。

わせる記事はまったくなくて、難波《なにわ》に行幸《ぎょうこう》したり（慶雲三〈七〇六〉年九月条）、大極殿に出御《しゅつぎょ》して授位《じゅい》を行い（慶雲四年二月条）、さらに「遷都の議」を命じ（同月条）、藤原不比等への封戸《ふこ》▲賜与《しよ》を指示したり（同年四月条）しているのである。『続紀』は天皇が不予《ふよ》（重病）となった時には、そのことを記し、病気平癒のためのさまざまな対策を講じる記事が見られるのが常であるが、それらがないまま六月十五日に唐突に「天皇崩御《ほうぎょ》」となるわけである。

とくに問題となるのは、亡くなる四カ月前に「遷都の議」を命じたことである。『続紀』の二月十九日条は、「諸王臣五位已上に詔して、遷都の事を議せしむ」と記すだけなので、その議論の具体的な内容は推測によらざるをえず、研究者の見解が分かれる。たとえば、(イ)遷都をすべきか否か、(ロ)遷都することは決まっていて、どこに都《みやこ》をおくのか、(ハ)平城《へいじょう》遷都がすでに俎上にのぼっており、それに向けての具体化の議論、といった可能性が考えられる。そうしたなかで、岸俊男氏は、他の都の事例からすると、遷都のことを議論する場合、(イ)・(ロ)のように漠然としたことを問うのではなく、具体的な候補地をあげて意見を徴したようであるから、この場合もすでに平城京についての議論であろうとして(ハ)

を主張し(岸一九八八)、これが現在有力な説となっている。

そうだとすれば、この新しい都は当然のことながら文武天皇自身の都と考えるべきであり、この時点では、天皇本人がまもなく死を迎えることなど予想もしていなかったのではなかろうか。

一方、『続紀』の巻四になると、冒頭に元明即位前紀があり、「慶雲三年十一月、豊祖父天皇《とよおおじのすめらみこと》不予。始めて位を禅《ゆず》る志あり。天皇謙譲し固辞して受けず。四年六月、豊祖父天皇崩ず」と譲位の意向が前年の七〇六年十一月からあったことを記し、そのことを元明は七〇七年七月十七日の即位宣命(九ページ)ではじめて官人たちに明らかにするのである。もしも、前年十一月から文武の病状が重く、母に譲位の意志を示していたことが事実ならば、二月に出された「遷都の議」がいったいどの天皇のための都なのか、解釈に苦しむことになる。

元明天皇の即位は、息子から母(しかも皇后を経ていない)への譲位、という異例の継承となり、その不安定さを正当化するために、「不改常典」によって持統から文武に譲られた天皇の位を、このたび、文武の意志によって元明が受け継ぐことになった、というのが元明即位宣命の最大の眼目だとみられる。そうであるなら、亡くなる前に文武が譲位の意志表示をしていたことは、いわば欠かせないことになる。しかしそれは文武と元明だけが知っていることで、当事者以外の人びとには即位宣命ではじめて明かされたことであろう。しかも元明が承諾したのが六月十五日、つまり文武崩御の日というのもかなり不自然といえよう。

七〇六年は「この年、天下の諸国に疫疾ありて百姓多く死ぬ。始めて土牛《どぎゅう》を作りて大いに儺《おにやらひ》▲す」という年であり、あるいは、七〇七年になってから天皇が疫病にかかって急死したという可能性も否定できないように思われる。そのことは別にしても、文武の病状が悪化した時期については、『続紀』に記事がないので推測するしかないが、七〇七年二月の「遷都の議」以降で、四月までのあいだというのが目安となるのではなかろうか。それは、四月十三日に、草壁皇子の薨日を「国忌《こき》▲」にしたこと、同月十五日に、藤原不比等に膨大な封戸を支給したことが手掛りとなる。前者は、皇太子のまま亡くなった草壁を天皇に準ずる扱いとすることによって、その妃であった阿閇皇女を「皇后」に見立てることを意味し、後者は、政権担当者としての不比等に後事を託す意味合いがあるも

▼**儺**　「追儺《ついな》」ともいう。宮中行事として大晦日に鬼気を払う儀式となるが、この慶雲三年が初見である。ここでは、疫病流行という事態に対して、臨時に行われたのであろう。土牛は土で牛をかたどり、宮の諸門に立てるもの。

▼**国忌**　天皇の命日に政務を止め、供養《くよう》の仏事を行う日のこと。大宝令に規定され、この時点では、天智・天武・持統の命日が国忌となっていた。

のと推測できるからである。

つまり、元明の即位は、予想もしなかった文武の急病をうけて猶予期間もなく決定されたのであり、そのことにかかわったのは文武の母である阿閇皇女と、夫人宮子の父である藤原不比等などごく限られた人びとだったのではなかろうか。そして、それが結果として、文武の遺児である首親王への将来的な継承が予測されるようになった、というのが事実に近いのではないかと考えるのである(寺崎二〇二〇)。

平城京遷都

元明天皇即位の半年後、年が改まると(七〇八年)、正月十一日に「和銅《わどう》」と改元し、翌二月十五日には「遷都の詔」が出された。

詔して曰く……遷都の事、必ずとすること遑《いとま》あらず。しかるに王公大臣みな言《もう》さく、『往古より以降近代に至るまで、日をはかり星をみて宮室の基をおこし、世を卜《うらな》ひ土を相《み》て帝皇の邑を建つ。定鼎《じょうてい》の基ながく固く、無窮の業《わざ》これにあり』と。衆議忍びがたく詞情深く切なり。……

復元された平城宮朱雀門

まさに今、平城の地、四禽図《しきんと》に叶ひ、三山《さんざん》鎮《しずめ》をなし、亀筮《きぜい》ならびに従ふ。都邑《とゆう》を建つべし。……

元明天皇は、自分としては遷都を急ぐ必要はないと考えていたが、役人たちによる新都造営の意見が強く、これを押さえがたいので遷都を決断した、と述べている。遷都の議論は、ちょうど一年前に文武天皇の命令で行っていたわけであるから、それとの関連で説明する必要がある。前項をふまえていえば、すでに文武の新都として平城遷都が具体化していたが、天皇の急死によっていったん保留になったものと思われる。それが、元明即位によってふたたび動き出したということであろう。「衆議忍びがたく詞情深く切なり」という表現は修辞もあろうが、文字どおり「文武帝の都づくりの遺志を実現させましょう」という官人たちの強い意向が表明され、元明がそれを認めたと解釈することも十分可能である。

恒久の都としてつくられた藤原京をすてて平城京に遷都するという大事業については、これまで、さまざまな理由があげられてきた(東野ほか二〇一三)。たとえば、(1)都の立地を考えた場合、南東が高く北西に向けて傾斜している藤

和同開珎(銀銭)

原京に対して、平城京は北が高く南に傾斜する地にあり、「天子《てんし》南面」という点からみて平城京のほうが優れている。⑵大宝律令が完成したことにともなって、中央集権国家が確立し、それにふさわしい都城をつくろうとした。⑶七〇二(大宝二)年に派遣された遣唐使が唐の長安《ちょうあん》城を実見し、これをモデルとしてあらたな都づくりをめざした――といった点が指摘されており、いずれも遷都の要因として十分に考えられるものである。

さらに、ここで改めて元明天皇による遷都宣言が出され造営が開始されたことは、文武朝とは違う意味合いが加わったものと考えられる。それは、文武天皇の都としてではなく、元明天皇の都、ひいては、やがて即位することになるであろう首親王のための都づくり、ということである。平城遷都を命じたのが首親王の父方の祖母・元明であり、遷都事業を実際に主導したのは、首の母方の祖父・不比等ということになる。

遷都の詔が出された翌三月に大規模な人事異動があった。この時、藤原不比等は正二位右大臣《うだいじん》にのぼり、ここから七二〇(養老四)年に亡くなるまでの一三年間が名実ともに不比等首班時代といえる。この間にさまざまな政策が打ち出された。平城遷都を除いて、項目のみをいくつかあげれば以下のとおりである。

ⅰ新銭の発行。発行量の少なかった天武朝の「富本銭《ふほんせん》」にかわり、七〇八(和銅元)年に和同開珎《かいちん》の銀銭《ぎんせん》と銅銭《どうせん》を発行し、本格的な貨幣流通政策を展開した。

ⅱ正史の完成。天武天皇が企図した正史の編纂を進め、七二〇年五月に『日《に》本書紀《ほんしょき》』として完成させた。

ⅲ養老律令の撰定。大宝律令の完成後ほどなく、不比等が中心となって律令の改定作業に着手し、七一八(養老二)年頃にほぼ完成した。

これらの政策のすべてが不比等によるというわけではないが、彼が中心的役割を果たしたことは事実であろう。優れた政治家であった不比等は、「都城」「貨幣」「正史」「律令」といった国家の根幹にかかわる制度づくりに邁進したが、本人の認識としては、天武天皇の頃よりつくり上げてきた律令国家を次の段階へステップアップしようと考えていたように、私には思われる。自身も編纂に深くかかわった大宝律令は、その完成がゴールではなく、そこからが始まりであり、律令に基づく具体的な国づくりをみずからの課題としていたのではなかろうか。そして、そのことは、首親王即位に向けた足固めでもあったのである。

七一四（和銅七）年六月、一四歳になった首親王は皇太子となった。

聖武天皇即位

七一五（和銅八）年九月二日に、元明天皇はおおよそ次のように語り、皇太子ではなく、娘の氷高《ひだか》内親王に譲位した。それが元正《げんしょう》天皇▲である。

「私が即位して九年がたつが、その間心労もあり、まただいぶ歳をとったので位を譲りたい。しかし、皇太子はまだ若くてその任にたえないので、しばらくのあいだ、氷高内親王に伝えたいと思う」と。

皇太子の首親王はこの時一五歳で、これが即位するには若すぎる年齢なのかどうかで、研究者の意見が分かれるところである。父の文武天皇即位時の年齢が同じ一五歳だからけっして若すぎることはなく、この時には首皇太子がすぐに即位できない事情があったのではないか、あるいは、元明・不比等らが慎重を期してあいだにもう一人の中継ぎを入れたのではないか、といった説がある。

しかし、天皇即位時の年齢を今回の元正からさかのぼって示してみると上表の

▼**元正天皇**　六八〇〜七四八。在位七一五〜七二四。草壁皇子の娘で母は元明天皇。母の譲りを受けて即位し、聖武天皇につないだ。

天皇即位の年齢

元正	36歳	皇極	49歳
元明	47歳	舒明	（40前後）
文武	15歳	推古	39歳
持統	46歳	崇峻	（30代半ば）
天武	（40代半ば）	用明	（40代半ば）
天智	43歳	敏達	（30代半ば）
孝徳	50歳	欽明	（30前後）

ようになり、文武天皇の一五歳というのが突出して若いことは明らかである。

この表から、仮に「即位適齢」といったものを読みとるとすれば、若くみても三〇歳以上といったあたりではなかろうか。文武天皇の場合は、その祖母である持統天皇が元気なうちにと、急ぎ譲位した特例とみるべきである。したがって、元明天皇が皇太子にすぐに譲位せずに、あいだに元正を挟んだ理由として、皇太子が若すぎるということをあげたのは、言葉どおり受け取ってかまわないと考える。

その後、七一六(霊亀《れいき》二)年に不比等の娘・光明子が皇太子妃となり、同じ頃に県犬養三千代の一族から広刀自《ひろとじ》も嫁した。そして、七一七(養老元)年に広刀自が首皇太子の最初の子、井上《いのえ》皇女を、翌年には光明子が阿倍《あべ》皇女を出産した。のちに、井上は光仁《こうにん》天皇▲の皇后に、阿倍は即位して孝謙《こうけん》天皇▲となる女性である。

七一九(養老三)年六月、「皇太子、始めて朝政を聴く」という記事が『続紀』に見え、平城宮の朝堂院《ちょうどういん》に出て、ようやく政治にかかわるようになったことを記している。それを支えるために、不比等の長男である武智麻呂《むちまろ》▲が東宮傅《とうぐうふ》に任じられ指導係となった。

▼**光仁天皇**　七〇九〜七八一。在位七七〇〜七八一。天智天皇の孫で、施基《しき》親王の子。白壁《しらかべ》王と称した。七七〇年、称徳《しょうとく》女帝の没後に皇太子に立てられ即位。その後、子の桓武《かんむ》天皇に譲位した。

▼**孝謙天皇**　七一八〜七七〇。在位七四九〜七五八、七六四〜七七〇。聖武の譲りを受けて即位し、その後、皇位を大炊《おおい》王(淳仁《じゅんにん》天皇)に譲ったが、ふたたび即位し称徳天皇となった。

▼**藤原武智麻呂**　六八〇〜七三七。不比等の長男。豊成《とよなり》・仲麻呂《なかまろ》の父であり、子孫はのちに「南家《なんけ》」と呼ばれる。長屋王の変後に首班となり、三人の弟とともに聖武天皇を支えた。没時には左大臣であった。

ところが七二〇（養老四）年八月に藤原不比等が亡くなり、さらにその翌年十二月には元明上皇も亡くなってしまった。ともに孫である首皇太子の即位を待ち望み、その即位後は後見人となることを自認していた二人であった。不比等の後を継いで政府の首班に立ったのは、皇族の一人でこの頃には大納言となっていた長屋王《ながやおう》▲である。

不比等の死から四年後、七二四（養老八）年を神亀元年と改元した二月四日に元正天皇は首皇太子に譲位し、いよいよ聖武天皇が即位した。聖武は大極殿に出御し、百官を前にして即位の宣命（前掲・聖武のコトバ①）を述べたわけである。時に二四歳。先の適齢からすると少し若いが、堂々たる青年天皇の誕生である。これを支えるのが伯母にあたる元正上皇、即位と同じ日に左大臣に昇進した長屋王、そして不比等の男子でしだいに地位をあげてきた武智麻呂以下の兄弟たちであった。

即位の二日後、聖武は母の宮子を「大夫人《だいぶにん》」と称するようにという勅《ちょく》を出した。ところが、翌三月になって、そのことが問題となった。左大臣の長屋王らがいうには、「天皇は大夫人と称せとおっしゃったが、律令《りつりょう》（公式令《くしきりょう》）によると皇太《こうたい》

▼**長屋王**　六七六〜七二九。天武天皇の孫で、高市《たけち》皇子の子。膳夫《かしわで》王・黄文《きぶみ》王・安宿《あすかべ》王らの父。七〇四年に正四位《しょうしい》上に叙されて以後、官人として歩み、不比等没後、首班となった。

夫人《ふじん》とあり、規定と異なってしまいますが、どうしましょうか？」というのである。それに対する天皇の答えは、「では、文字で書く時は皇太夫人と書き、口で唱える時はオオミオヤと称することにしなさい。先の勅は撤回しよう」となった。

この一件については、聖武天皇がいったん表明した意向に対し、長屋王が律令の規定を楯に反対論を展開し、それを天皇が認めざるをえなかったと解釈する説、あるいは、天皇権力と貴族権力の問題として取り上げ、天皇の出した勅でも、長屋王をはじめとする太政官《だじょうかん》▲の会議でくつがえすことのできた事例とみるべきだという見解、さらには、のちに長屋王の変にいたる原因の一つとして、早くも聖武即位の時から長屋王が天皇に異を唱えていたと解釈する説などが出されている。

しかし、いずれの説も聖武天皇と長屋王の意見を対立的にとらえている点が問題であろう。結果として母の称号が「大夫人」から「皇太夫人」へと「皇」の字が付け加わったのであり、それは天皇にとっても望ましい決着だったはずである。つまり、聖武天皇としては、それまで「夫人」であった母の呼称を、自分の即位

▼**太政官**　行政の最高機関で、左右大臣・大納言・中納言・参議《さんぎ》よりなる議政官《ぎじょうかん》(公卿《くぎょう》)が国政を審議し、その下に八省以下を統括する弁官《べんかん》局・少納言《しょうなごん》局がおかれた。本書で首班と呼ぶのは、議政官の最上位者のこと。

▼**蝦夷**　古代東北地方の住民に対して律令政府が用いた呼称。中《ちゅう》華《か》思想に基づき、天皇の教化に従わない民と位置づけられ、支配領域の拡大にともなってしばしば衝突を繰り返した。

▼**藤原宇合**　六九四〜七三七。不比等の三男。広嗣《ひろつぐ》・良継《よしつぐ》・百川《ももかわ》らの父であり、子孫はのちに「式《しき》家《け》」と呼ばれる。遣唐副使として海を渡り、蝦夷征討の将軍となり、朝鮮半島への備えのため節度使《せつどし》として九州へ、と東奔西走した。

多賀城碑

多賀城政庁（復元模型）

にともないどうすべきかと考えた時に、皇族出身ではないから遠慮して「大夫人」といいだしたのに対して、長屋王は、律令にはそうした称号はないので、規定に従って「皇太夫人」で一向にかまわないでのはないでしょうか？　といっているのであろう。そう解釈すれば、この頃は天皇と長屋王との関係は良好な状態であったと考えて差しつかえない。

むしろ、聖武天皇即位後に起こった最大の問題は、東北の蝦夷《えみし》▲との関係であった。七二四（神亀元）年三月、蝦夷が兵を起こして陸奥大掾《むつのだいじょう》佐伯児屋麻呂《さえきのこやまろ》を殺害するという事件が起こったのである。早速、持節大将軍《じせつだいしょうぐん》として不比等の三男である藤原宇合《うまかい》▲が任命され、征討軍が動員された。こののち陸奥・出羽《でわ》両国を統轄する広域行政府となる多賀城《たがじょう》が創建されたのも、「多賀城碑《ひ》」に記すとおり、この年のことである（熊谷二〇〇〇、鈴木二〇〇八）。

②—天平年間の聖武天皇

男子の誕生とその死

聖武が即位して四年目、七二七(神亀《じんき》四)年閏《うるう》九月二十九日、夫人《ぶにん》の光明子《こうみょうし》が待望の男子を出産した。聖武の子としてはすでに井上《いのえ》内親王と阿倍《あべ》内親王がいたが、男子の誕生ははじめてである。『続紀《しょっき》』は、その後しばらく宮廷での喜びのようすを伝えている。

十月五日、皇子誕生のために大赦、官人《かんじん》に賜物、皇子と同じ誕生日の者に賜物。六日、王臣《おうしん》以下に賜物。

十一月二日、太政官《だじょうかん》と八省《はっしょう》▲が玩好物(おもちゃ)を献上し、天皇は宴会を開き賜物、各家の嫡子にも賜物。詔《みことのり》を出し、「誕生した子を皇太子にする」と宣言。三日、僧尼ら、皇子の誕生を祝う上表《じょうひょう》を出す。十四日、大納言《だいなごん》の多治比池守《たじひのいけもり》が官人たちを率いて皇太子を旧不比等《ふひと》邸で拝す。十九日、皇子誕生五〇日にあたり、宴会と賜物。二十一日、生母の光明子に封戸《ふこ》一〇〇〇戸を賜う。

▼**八省**　太政官の下で行政を執行する主要な八つの省で、中務・式部《しきぶ》・治部《じぶ》・民部《みんぶ》・兵部《ひょうぶ》・刑部《ぎょうぶ》・大蔵《おおくら》・宮内《くない》の省の総称。

ここで注目すべきは、十一月二日に、天皇の詔によって、この男子を皇太子とすると宣言したことである。この子は生後すぐに皇太子となったために「○○親王」といった固有の名前をもたず、「某王」あるいは単に「皇太子」とのみ記されることとなる。それはともかく、このような早い立太子《りったいし》の先例がないことが問題である。

平安《へいあん》時代中頃の摂関《せっかん》時代であれば、年少の天皇や皇太子の例も多くみられるが、奈良時代以前ではそうしたことはなかったのである。天皇となる年齢がおよそ三〇歳以上ではないか、とさきに述べたが、それは天皇という地位が単なる名目的なものではなく、国の君主《くんしゅ》として政治の最終的な決断をくだすものであったからにほかならない。同様に、皇太子というのも、次期天皇という立場にとどまらず、場合によっては天皇の地位を代行すべき地位でもあったから、やはり幼少では無理と考えられていたのであろう。

皇太子制度が確立したとみられる天武《てんむ》朝以降の皇太子を次ページ表に示した。立太子時の年齢がわからない例もあるが、文武《もんむ》天皇は一五歳、聖武天皇は一四歳で皇太子となっており、これらがおそらく早いほうの事例であろう。そう

皇太子の立太子年齢

皇太子	天皇	関係	立太子	即位
草壁皇子	天武	男子	681年2月(20歳)	〈早世〉
軽《かる》皇子	持統《じとう》	孫	697年2月(15歳)	697年8月(文武天皇)
首《おびと》親王	元明	孫	714年6月(14歳)	724年2月(聖武天皇)
某親王	聖武	男子	727年11月(1歳)	〈早世〉
阿倍内親王	聖武	女子	738年1月(21歳)	749年7月(孝謙天皇)
道祖《ふなど》王	孝謙	—	756年5月(?歳)	〈廃太子〉
大炊《おおい》王	孝謙	—	757年4月(?歳)	758年8月(淳仁《じゅんにん》天皇)
白壁《しらかべ》王	称徳	—	770年8月(62歳)	770年10月(光仁天皇)
他戸《おさべ》親王	光仁《こうにん》	男子	771年1月(11歳)	〈廃太子〉
山部《やまべ》親王	光仁	男子	773年1月(37歳)	781年4月(桓武天皇)
早良《さわら》親王	桓武《かんむ》	弟	781年4月(32歳)	〈廃太子〉
安殿《あて》親王	桓武	男子	785年11月(12歳)	806年3月(平城天皇)
神野《かみの》親王	平城《へいぜい》	弟	806年5月(21歳)	809年4月(嵯峨天皇)
高丘《たかおか》親王	嵯峨《さが》	甥	809年4月(?歳)	〈廃太子〉
大伴《おおとも》親王	嵯峨	弟	810年9月(25歳)	823年4月(淳和天皇)
正良《まさら》親王	淳和《じゅんな》	甥	823年4月(14歳)	833年2月(仁明天皇)

した時代に、聖武天皇の最初の男子であり、藤原氏《ふじわらし》出身の光明子が出産したとはいえ、生後一月余りの立太子は異例中の異例といってよかろう。十一月二日の詔は、事前に十分な話し合いがあったのではなく、天皇が唐突に立太子を宣言したように思われる。

そして、それに対して、長屋王は異を唱えたのではないかと推測する。それは、十一月十四日に、皇太子のお祝いに官人たちが旧不比等邸を訪れたなかに長屋王《ながやおう》の名前が見えないからである。通常ならば、ここは大納言の多治比池守ではなく、首班である左大臣《さだいじん》長屋王が官人たちを率いてゆくはずではなかろうか。私は、当初は良好であった天皇と長屋王との関係が、この頃から不安定になっていったものと考えている（寺崎一九九九）。

年が明けて七二八（神亀五）年の正月、朝賀《ちょうが》の儀式にはじめて渤海《ぼっかい》からの使者が参列した。渤海は朝鮮半島北部から中国東北地方にかけての地域に、かつての高句麗《こうくり》遺民らによって建国されたもので、初代の大祚栄《だいそえい》が七一三（和銅《わどう》六）年に唐《とう》から渤海郡王に冊封《さくほう》されていた。二代の大武芸《だいぶげい》の時に唐との関係が悪化したこともあり、唐や新羅《しらぎ》を牽制するために、日本と外交関係を結ぼうとして使者を派遣してきたのであった。

渤海使一行は、七二七年の九月に出羽国《でわのくに》に到着したが、高仁義《こうじんぎ》将軍以下一六人が蝦夷《えみし》に殺害され、残った高斉徳《こうせいとく》ら八人が入京を許されたのである。高斉徳らは国書《こくしょ》を天皇にたてまつり、これに対して聖武天皇も使者を丁重に遇し、返書と信物をあたえ、使者を送るための遣《けん》渤海使の派遣も決定した。時として険悪な関係に傾くこともあった新羅に対して、渤海は日本にとっては友好的なパートナーとして、以後十世紀まで交流が続くこととなる。

八月二十一日、天皇は次のような詔を出した。

「皇太子の病気が日数がたってもなおらない。そこで、観音菩薩《かんのんぼさつ》像一七七体と観音経一七七部をつくり、供養《くよう》を行い、それによって皇太子の恢復《かいふく》を期したい」。記事は唐突に出てくるので、皇太子がいつ頃から病にかかっていたかはわからない。しかし、天皇の願いもむなしく、九月十三日に皇太子は亡くなってしまう。『続紀』には、「天皇、甚だ悼《いた》み惜しみたまう。これが為に朝を廃すること三日」とある。亡骸は那富山《なほやま》に葬られたが、年齢が若いために葬礼は行われなかった。ただし、十一月になって「造山房司《ぞうさんぼうし》」を任命し、平城京東方の丘に皇太子の菩提をとむらう施設の造営に着手させた。これがやがて金鐘《こんしゅ》山房となり、のちに発展して東大寺へとつながってゆくのである（後述）。

長屋王の変と光明立后

年が明けて七二九（神亀六）年二月十日、事件が起こる。「左大臣正二位《しょうにい》長屋王、ひそかに左道《さどう》を学びて国家を傾けんと欲す」という密告を受けて、藤原宇《うま》合《かい》（不比等の三男）らが六衛府《ろくえふ》▲の兵を率いて長屋王宅を囲むと、二日後、長屋王、室の吉備内親王《きびないしんのう》、子の膳夫王《かしわでおう》らは自尽して、事態はあっという間に決着した。長屋王の変である。

時の首班である皇族が謀反《むほん》を企てて失脚するという大事件であり、その要因についてはさまざまな議論があるが、そのなかでは、直接的な契機について、前年の皇太子の死去が大きくかかわっているとする岸俊男説が有力である（岸一九六六）。以下それを簡単に紹介しよう。

皇太子を失ったことは、聖武天皇のみならず、夫人の光明子、さらには、その成長に期待をかけていた武智麻呂《むちまろ》以下の藤原氏にとっても大きなショックで

▼**六衛府**　律令に規定された左《さ》右兵衛府《ゆうひょうえふ》・左右衛士《えじ》府・衛門《えもん》府に、あらたに成立した中衛《ちゅうえ》府を加えたのが六衛府で、宮廷の軍隊のすべてから兵を動員したことになる。

あった。しかし、天皇も光明子もまだ二八歳と若く、まだまだ男子の出産を望めるはずであった。ところが、そうした悠長なことをいっていられない事態が生じた。皇太子が没した同じ七二八(神亀五)年、月まではわからないものの、聖武の夫人・県犬養広刀自《あがたいぬかいのひろとじ》が男子(安積親王《あさか》)を出産したのである。聖武の喜びとは別に、藤原氏にとっては不安のタネが発生したことになる。もしも安積親王が順調に成長をとげると、聖武天皇の皇位継承者ということにもなりかねない。県犬養氏を外戚《がいせき》とする天皇の出現は何としても阻止したい、そのためには藤原氏出身の光明子を広刀自と同格の夫人から皇后に格上げすることをめざしたのであろう、というのである。

岸氏はそこから、皇后の地位についての検討を深め、場合によっては皇后自身が即位することもありうること、ただし、皇后には皇族がつくことが前提となっていること、したがって、光明の立后《りっこう》には大きな反対論が予想され、その代表として皇族出身で、首班でもある長屋王が考えられることなどを指摘し、そのことが長屋王を排除することになった最大の要因であったと結論づけたのである。

魅力的な説ではあるが、この時点で光明子が皇后になったのちに即位することまでを想定していたかどうかは疑問である。むしろ、今後光明子が男子を出産する可能性を考え、安積親王との優先順位を考えた時に「皇后の子」として優位に立つ、といった考え方であったという想定のほうがわかりやすい。いずれにせよ、藤原武智麻呂以下の四兄弟が、皇族出身ではない光明子を皇后に立てるという、いわば強引な方法を聖武に勧めて了解をえた段階で長屋王の失脚が決定的になったという点で、岸説は今なお有効であろう。それとともに、もう一点、聖武以後の皇位を考えた場合、安積親王のほかに、長屋王の子、膳夫王などの存在も危険視されたのではないかと思う。

長屋王自身に皇位継承の可能性はほとんどない。奈良時代は、天武天皇の皇太子、草壁《くさかべ》皇子の子孫こそが正統であり、高市《たけち》皇子の子である長屋王はその系列にはなく、そのために早くから位階《いかい》をえて、官人としての経歴を積んできたのである。また、長屋王の年齢も聖武の父である文武天皇より年長であるから、「聖武の後」ということは考えがたい。しかし、長屋王の妻の一人が吉備内親王である点は注目すべきである。吉備内親王は草壁皇子の娘であり、文武・元《げん》正《しょう》天皇の妹という血筋である。そうなると、長屋と吉備のあいだに生まれた膳夫王らの四人は、吉備内親王の子として正統につながっており、皇位の可能性が残るのである。藤原氏が警戒したとすれば、膳夫王らの存在であろう(寺崎一九九九)。

事件の推移を表にしてみた(次ページ参照)。

これによると、長屋王の「謀反計画」なるものがきわめて小規模なことになる。自害した長屋王以下を除けば、処分を受けた者が上毛野宿奈麻呂《かみつけのすくなまろ》らのわずかに七人であり、他の九〇人がすべて許されたのである。この九〇人という数字は、おそらく長屋王宅内で働いていた家政機関の官人数であり、それがこぞって「謀反計画」に関与したわけではなかろう。一連の処分内容をまとめると、長屋王が謀反を企てたことは大きな犯罪であるが、その累《るい》は家族・親族にはおよばない。しかも埋葬にあたっては吉備内親王や長屋王にも十分に配慮せよといった勅《ちょく》が出されている。これでは、長屋王が無実であることを聖武天皇は初めから知っていたかのような口ぶりである。

結果として、政府首班の長屋王と吉備内親王および膳夫王らが亡くなり、次

長屋王の変の推移(神亀6年2月)

10日，漆部君足《ぬりべのきみたり》らの密告により，六衛府の兵が長屋王宅を包囲。

11日，舎人親王・新田部親王・藤原武智麻呂らが長屋王宅で罪を糾問。

12日，長屋王・吉備内親王・膳夫王ら4人の子ども自害。他の者は逮捕。

13日，長屋・吉備を生駒山《いこまやま》に埋葬。その勅で「吉備内親王には罪がないので，通常の葬礼を行い，逮捕した家令《かれい》以下の者は釈放せよ。長屋王は罪人ではあるが，その葬礼を醜くすることのないように」とある。

15日，国司に勅。「長屋王は心がねじけて，悪事に手をそめ法にふれたため賊として除いた。今後，人が集まり企てをすることのないように」。

17日，上毛野宿奈麻呂ら7人が長屋王の企てにかかわったので流罪《るざい》とし，他の90人はすべて許された。

18日，鈴鹿王に勅。「長屋王の兄弟姉妹，子孫は連座《れんざ》の罪に問わず」。

21日，京内に恩赦があり，密告者に授位・賜物があった。

26日，長屋王の弟・姉妹・子どもには今後の禄の支給が認められた。

長屋王邸(復元模型)

長屋王邸跡出土木簡

席にいた藤原武智麻呂が政府のトップに立ち、いよいよ光明子立后の条件が整ったことになる。

長屋王の変の半年後、八月五日に改元して神亀六年を天平《てんぴょう》元年とし、同月十日に、光明子を皇后にするという詔が出された。さらに、二十四日になって、天皇は改めて、光明子を皇后に立てる理由を宣命《せんみょう》として述べているので、これを見てみよう。

●聖武のコトバ②　天平元(七二九)年八月二十四日

朕《ちん》が天皇になって六年たった。この間、皇太子の誕生があった。そこでこの皇太子の母である光明子を皇后と定める。その理由は、朕ももう若くはないからである。また、君主として長いあいだ、皇后がいないというのもよくないことである。天下の政治も朕一人で処理すべきではなく、内助の功というものが必要である。これが特別なことではないことは皆も知っていよう。

皇后をこのように遅くなってから定めたのには理由がある。かりそめにも天皇家のことをまかせる妻であるから、ことは重大で軽々しくは決めないようにと思い、この六年間じっくりと見て試してきたのである。こういうのは、わが祖母である元明《げんめい》天皇が光明子を朕に給わった日に「女といえば皆同じだから光明子を夫人にせよというのではない。この女の父である不比等が臣下《しんか》として日夜休むことなくひたすら天皇に仕え続けたことを忘れることができない、その忠臣の娘だからである。この娘に過ちがなければ、おすてになったりお忘れになったりしないように」といわれたからである。それに従って、この六年じっくりとようすを見てきたが、やはり皇后とするにふさわしいと思うにいたったのである。
　また、皇族でない者を皇后にすることについては、今回が特別というのでもない。かつて、仁徳《にんとく》天皇▲の時に葛城《かつらぎ》の娘が皇后となった先例があるから、とくにめずらしくも新しくもないのである。

「陛下、そこまで仰らなくとも十分にわかっております」といいたくなるくらいに、言い訳がましい事柄が続いている。皇族でない女性を皇后にすることがどれほど異例であったか、ということが逆にうかがわれる内容といってもよい。日付に注目すれば、八月十日の立后から一四日もたってから宣命が出されたの

▼**仁徳天皇**　五世紀に中国に遣使した「倭《わ》の五王」の一人。『日本《にほん》書紀《しょき》』によれば、応神《おうじん》天皇の子で、履中《りちゅう》・反正《はんぜい》・允恭《いんぎょう》天皇の父である。皇后が磐之媛命《いわのひめのみこと》で、葛城襲津彦《そつひこ》の娘である。

は、光明立后に疑義が出され、それに答えるための宣命だったのではないかという見解もある（水野二〇〇九）。そうだとすると、この間に仁徳の皇后という「先例」を調べだしたのであろうか。

もっとも、この宣命によれば、聖武天皇は、実際に夫人たちのなかでも光明子をもっとも大事に思っていたのではないかとも読みとれる。藤原氏による皇位継承の「思惑」などを超えて、皇后としての光明子が自分を支えてくれることを、聖武は心底願っていたのではないかと私には思えるのであるが、いかがであろうか。

天命思想

長屋王の変を収拾し光明立后を実現した七二九（天平元）年頃から、聖武天皇はより積極的に政治に関与するようになったものと思われる。年齢も二九歳になっていた。政府のなかで天皇を支えたのは、藤原不比等の長男・武智麻呂および三人の弟たちであった。武智麻呂は大納言に昇格し、七三一（天平三）年八月には、先に参議となっていた次男・房前《ふささき》▲のほかに三男・宇合と四男・麻呂《まろ》▲も

▼**藤原房前**　六八一～七三七。不比等の次男。永手《ながて》・真楯《またて》・魚名《うおな》らの父であり、子孫はのちに「北《ほっ》家《け》」と呼ばれ、平安時代には藤原氏の主流となってゆく。

▼**藤原麻呂**　六九五～七三七。不比等の四男。浜成《はまなり》らの父で、「京家《きょうけ》」の祖となる。平城京の邸宅は、長屋王宅の北隣であった。七三七年には陸奥《むつ》国に赴任していたが、都に戻って病気にかかったらしい。

参議に抜擢され、ここに四兄弟全員が公卿《くぎょう》の列に加わったのである。「藤原四子政権」などといわれるゆえんである。

天命思想という考え方がある。本来は中国の皇帝についてのものであるが、日本の天皇もこれに準ずるものと考えられていたので、以下、ごく簡単に説明しておこう。

地上を統治する皇帝は、天上にいる天帝によって委任された者が天子《てんし》としてつくべき地位であり、その条件はその者がもっとも徳が高いことである。したがって天子(皇帝)は常に天帝の意志をうかがいながら、徳をもってすべての人民を統治しなければならない。もし、天子の政治が人民を慈しむものであれば、天帝は祥瑞《しょうずい》(めでたいしるし)を出現させて天子をたたえ、逆に徳が欠けるようなことがあれば、災異(災いや異変)を示して警告を発するのである。

古代の歴代天皇もこの天命思想に基づき、祥瑞や災異があるとさまざまな形で詔勅などを出して意思表明を行い、対応策をとっているが、とくに聖武天皇の場合、それが真剣であり切実な言葉が残されていると思う。二、三紹介しよう。

聖武のコトバ③

神亀二(七二五)年九月二十二日

聞くところによれば、賢明な君主が天下に臨めば、天地の理に従って人びとを養い、秩序に従っておさめるものである。すると陰陽《おんみょう》が調和し、天候も節度を保ち、災害も起きず、めでたい徴《しるし》があらわれるという。しかし朕は徳が少なく、才能もないまま皇位を嗣《つ》いだため、日々恐れおののき、夕方になると一日の過ちがなかったかどうか心配し、命ある者の安らかなることをつねに願っている。

ところが、天地の神の意思は明らかでなく、いくら誠をつくしても、星の運行が異常で、地震も起きている。この災いの責任はまったく朕一人にある。そこで、役所に命じて三〇〇〇人を出家・入道させ、京内外の諸寺において経典を読むことによって、災いを除くこととしたい。

聖武のコトバ④

天平三(七三一)年十二月二十一日

朕は君主として臨み、人びとをはぐくみ育てるために、日暮れまで食事を忘れ、夜は寝る時に敷物を忘れるほどである。そうしたところ、このたび甲斐国から祥瑞である神馬《じんめ》が発見されたという報告があった。これは大瑞《たいずい》であるという。このことは朕の徳によるのではなく、祖先や地の神が賜ったのである。朕は不徳であるから、どうして一人だけでこの祥瑞を受けることができよう。天下の人びとともに喜びたい。そこで全国に大赦する。

これらによると、聖武天皇は祥瑞や災異に対して強く反応し、祥瑞があれば皆と一緒に喜びを分かち合い、災異が起これば自分の政治が不十分だからであろうと反省する、真面目な天皇であったと思われる。これはおそらく、若い頃から「帝王教育」を受けて育ち、その一つとして天命思想を重く受けとめていたものであり、自分も理想的な君主として人民に臨もうとしていたさまがよくうかがえるのではなかろうか。

ところが『続紀』を見ると、天平年間(七二九〜七四九)の前半期はとくに天候不順が続き、また災害もしばしば起こっており、そのことが聖武をおおいに悩ませたようである。次ページ表によれば、七三〇(天平二)年の夏は全国的に日照りがひどく、十一月になると一転して大風雨が発生し各地に被害がおよんだ。

天平初年の災害・異変

天平2年(730)	3/16 熒惑《けいこく》(火星)が昼にあらわれた。6/27 旱害により畿内の田地調査を命じた。6/29 雷雨があり神祇官の建物が焼け死人が出た。閏6/27 旱害による不作のため畿内に遣使を命じた。8/7 太白《たいはく》(金星)が太微《たいび》(星座)の中に入った。9/29 全国に盗賊が多く，その逮捕を命じ，妖言し衆を惑わすことを禁じた。11/7 雷雨・大風の被害があった。
天平3年(731)	6/13 紀伊国で赤潮が発生した。8/25 今年の豊年を慶賀し租を減免する詔を出した。
天平4年(732)	6/28 この夏，旱害。雨乞いも効果がなかった。7/5 詔し，旱害のため京，畿内に祈雨の修法を命じ，奉幣，賑給，大赦を命じた。7/15 地震があった。8/4 はじめて大風雨があった。8/27 大風雨があり建物の被害が出た。この夏，雨が少なく作物が実らなかった。12/22 地震があった。
天平5年(733)	正/7 雷・風あり。正/9 熒惑が軒轅《けんえん》(星座)の中に入った。正/27 讃岐・淡路国など昨年の不作のため飢饉となり賑貸した。2/7 紀伊国，旱害のため賑給した。2/16 大倭・河内国，飢饉のため賑給した。3/16 遠江・淡路国，飢饉のため賑給した。閏3/2 勅し，和泉・紀伊・淡路・阿波国の飢饉に対して借貸を命じた。5/26 勅し，皇后の病気平癒を祈って大赦を命じた。6/9 太白が東井《とうせい》(星座)の中に入った。7/1 日蝕があった。是年条 左右京と諸国，飢饉・疾病にあう者が多かったので賑貸を加えた。
天平6年(734)	4/7 大地震が起こった。死者，建物被害，山崩れ，地割れが数え切れないほどである。4/17 地震に対する詔が出された。4/21 地震に対する詔が出された。5/28 天平4年以来の旱による窮乏を救うため，畿内に借貸を命じた。7/12 地震などの災害に対する詔が出された。9/24 地震が起こった。12/1 日蝕があった。
天平7年(735)	5/4 夜，流星が群れをなして飛び流れた。5/23 災異に対する詔が出された。8/2 太白と辰星《しんせい》(水星)が接近した。8/12 勅し，大宰府で疫死者が多く出たので，奉幣，読経，賑給を命じた。閏11/1 日蝕があった。閏11/17 詔し，疫病が止まないため大赦を命じた。是年条 穀物が実らず，夏以降は豌豆瘡で死ぬ者が多く出た。
天平8年(736)	5/1 日蝕があった。7/14 詔し，元正上皇の病気平癒を祈って賑恤を命じた。10/22 詔し，大宰府管内の疫瘡のため租の免除を命じた。10/27 太白と月が接近した。11/19 詔し，畿内の農作物が不作のため租の免除を命じた。

七三一年は豊年であったが、七三二(天平四)年には、また日照りとなり、その影響で農作物に被害が出て、翌年は全国的に飢饉《ききん》に陥っている。さらに七三四(天平六)年には大地震による山崩れで、多数の圧死者を出す、という状況で、まさに災異の連続であった。

七三四年十一月、遣唐大使・多治比広成《ひろなり》の船が多禰《たね》嶋に帰着、翌年帰京した。この遣唐使は七三二年八月に任命され翌年四月に出発し、玄宗《げんそう》皇帝に謁見したのち、この年十月に蘇州《そしゅう》を出帆した四船のうちの一つである。この船には、前回七一七(養老《ようろう》元)年の遣唐使に従って唐に渡っていた留学生下道《しもつみち》(吉備《きびの》)真備《まきび》▲と学問僧玄昉《げんぼう》▲も乗船して帰国した。真備は『唐礼《とうれい》』▲をはじめとする書籍や大衍暦《たいえんれき》▲・天文観測具・楽器などを、玄昉は一切経《いっさいきょう》▲など膨大な経典をもたらし、文化的に大きな貢献をしたことで知られている。二人はこののち、聖武天皇のブレーンとしても活躍することになる。逆に「行き」の船に乗船したなかに、栄叡《ようえい》と普《ふ》照《しょう》が含まれ、彼らは戒師《かいし》を招聘する目的で唐に滞在し、やがて鑑真《がんじん》一行の来日につながるのである。

同じく七三四年の十二月には、新羅使・金相貞《きんそうてい》が大宰府《だざいふ》に到着した。一行は

▼**吉備真備**　六九五〜七七五。唐から帰国後、聖武・孝謙《こうけん》天皇のブレーンとして活躍。藤原仲麻呂の乱《らん》の時は、孝謙上皇側の参謀として活躍、右大臣までのぼった。

▼**玄昉**　?〜七四六。学問僧として唐に渡り多くの経典《きょうてん》を日本にもたらした。聖武・光明の信頼が厚く、聖武の母・宮子《みやこ》の長年の病をなおしたのも彼である。しかし、七四五年に筑紫観世音寺《かんぜおんじ》に流された。

▼**『唐礼』**　唐王朝で行われた典礼をまとめたもので、貞観《じょうがん》・永《えい》徽《き》・開元《かいげん》の三度編纂された。真備のもたらした『唐礼』一三〇巻は、六五八年から施行された永徽礼とみられる。

▼**一切経**　経・律・論からなる仏教経典類のすべてをさす。ここでは、玄昉がもたらした『開元釈《かいげんしゃっ》経録《きょうろく》』という目録に従って五〇〇〇巻余りの写経を行った。

年が明けて七三五(天平七)年正月に入京したが、来日の目的を問うたところ、国名を「王城国」と改めることだとわかり、日本はこれを無礼だとして、帰国を命じたのである。これ以降、七三八(天平十)年、七四二(同十四)年、七四三(同十五)年と新羅使が来日するが、いずれも入京を許さず、大宰府から放還という厳しい対応をとり、それからしばらくは新羅使の来日もとだえてしまった。

七世紀末から神亀年間(七二四〜七二九)頃までは、日本と新羅の関係は良好で、新羅は「朝貢」という形で来日し、日本からも頻繁に遣新羅使を派遣して文物や情報を仕入れていたが、その背景には唐と新羅の対立関係があったためである。ところが、八世紀に入ってしだいに唐・新羅関係が修復されるようになり、さらに、渤海国が成立したことが、東アジアの情勢を大きく変化させた。渤海の来日についてはさきにふれたが、その後の関係を簡単にいえば、唐と対立する渤海は日本と結び、新羅は唐に接近して日・渤に対抗する、という構図がしばらく続くこととなる。それがやがて七五九(天平宝字《ほうじ》三)年、藤原仲麻呂政権の「新羅征討計画」につながってゆくのである。

藤原四子の死

そうしたなかで、七三五(天平七)年を迎えるが、この年には全国的に天然痘《てんねんとう》が流行することになった。流行は大宰府管内に始まり、それが東へ向かって広がっていったようであるから、前項で取り上げた前年末の遣唐使の帰国、あるいは新羅使の来日がウイルスをもたらした可能性が考えられている。『続紀』天平七年の末尾には次のように記している。

　この歳、年《みのり》頗る稔らず。夏より冬に至るまで、天下《あめのした》、豌豆瘡《えんどうそう》を患ひ、夭死する者多し。

この「豌豆瘡」というのが天然痘のことである。八月十二日に、大宰府管内の疫病を鎮めるために寺社に祈禱し、疫人に賑給《しんごう》▲と湯薬をあたえ、長門《ながと》以東の諸国には波及を防ぐため道饗祭《みちあえ》▲を行うよう命じる勅が出された。閏十一月十七日には詔を出して、「災異しばしば現れ疫癘《えきれい》やまぬをもって」全国に大赦を命じている。『続紀』はこの年九月〜閏十一月の薨卒者として、舎人《とねり》親王・新田部《にいたべ》親王・賀茂比売《かものひめ》・高田《たかだ》王の四人を記録している。舎人と新田部はともに天武天皇の子で奈良時代に入って皇族の重鎮としての役割を果たしていたが、これで天

▼**賑給**　天皇の恩恵として、米などを支給すること。即位・改元などの慶事の時や、今回のように疫病・災害などの時も対象となった。

▼**道饗祭**　通常は、疫神が京内に入るのを防ぐため、京の四隅で疫神を饗応《きょうおう》する祭りで、毎年六月と十二月に行われた。ここでは臨時に各地で行われたもの。

武の男子はすべて鬼籍に入ったことになる。賀茂比売は藤原不比等の室で宮子の母であり、聖武の祖母にあたる。

天平八(七三六)年には関係記事がなく、流行はおさまったかにみえたが、翌九(七三七)年に入るとさらに大流行したさまがうかがえる。四月十九日の「大宰管内の諸国、疫瘡《えきそう》はやりて百姓多く死ぬ」に始まり、五月十九日には次のような詔が出された。

「四月以来、疫《えき》と旱《かん》とがともに起こり、苗も枯れてしまった。そこで神々をまつったが、効き目がなく、今も人びとは苦しんでいる。これは朕の不徳によってこの災《わざわ》いが起こっているのである。寛仁をもって民の患《わずら》いを救いたい」として大赦その他の対策を行っている。

天平九年後半の記事は疫病関係であふれ、年末は次の一文で終わる。

この年の春、疫瘡大いに発《おこ》る。はじめ筑紫《つくし》より来り、夏をへて秋にわたる。公卿以下、天下の百姓あいつぎて没死すること、あげて計《かぞ》ふべからず。近代より以来、これ有らず。

七三七年の天然痘大流行による全国の人口減少がどれほどのものであったの

天平9(737)年の物故者

4月	17日，藤原房前(参議・正三位)
6月	10日，大宅大国《おおやけのおおくに》(従四位下)，11日，小野老《おののおゆ》(大宰大弐《だざいのだいに》・従四位下)，18日，長田《ながた》王(正四位下)，23日，多治比県守(中納言・正三位)
7月	5日，大野《おおの》王(従四位下)，13日，藤原麻呂(参議・従三位)，17日，百済王郎虞《ろうぐ》(従四位下)，25日，藤原武智麻呂(左大臣・正一位)
8月	1日，橘佐為《さい》(中宮大夫・正四位下)，5日，藤原宇合(参議・正三位)，20日，水主《みぬし》内親王(三品)

か、という点は見解の分かれるところで、全人口の三割以上が亡くなったという説と、そこまでは達しないだろうという説がある(坂上二〇一一)。ここでは、中央官人の死亡者についてのみ見ておこう。『続紀』から天平九年の物故者を拾うと上表のようになる。

『続紀』では官人の死亡記事は四位以上のみ掲載するという原則があるが、この人数をどう見るかである。この前後数年の物故人数は、年間〇〜四人(四人は既述の七三五年)であるから一二人は突出して多いといえる。では当時の四位以上の官人数はどれくらいであろうか。確かなことはわからないが、官位令の四位以上に相当する官職数(品位相当を除く)は合計一八である。実人数をそれより多く見積もったとしても、一二人の物故者はかなり高い比率とみてよい。人口が密集する都《みやこ》ではとくに感染者が多かったのであろう。そして、このなかに、政権の中枢を担っていた藤原四兄弟がすべて含まれていたわけである。

長屋王政権以降の政府の主要メンバー(議政官)の変遷を四九ページ図に示した。長屋王の変ののちに藤原不比等の四子が揃って議政官入りし、武智麻呂が首班になっていたが、七三七年のうちに四子全員が死亡するとともに、中納言《ちゅうなごん》であった多治比県守《あがたもり》も亡くなった。そこで、長屋王の弟・鈴鹿《すずか》王を二年前に亡くなった舎人親王の後任として知太政官事《ちだじょうかんじ》とし、序列七番目にいた橘諸《たちばなのもろ》兄《え》▲が一躍右大臣に昇格して政権を担当することとなったのである。諸兄の母は県犬養橘三千代《たちばなのみちよ》で、三千代が藤原不比等とのあいだに光明子をもうける前の夫・美努《みの》王とのあいだの長男である。つまり、橘諸兄は光明皇后の父親違いの兄という関係である。多治比県守にかわって弟の広成が中納言となったが、藤原氏の痛手は大きく、わずかに武智麻呂の長男・豊成《とよなり》が参議《さんぎ》の末席に加わっただけである。その豊成が中納言に昇任したことにともない、弟の仲麻呂《なかまろ》▲が参議となるのは七四三(天平十五)年五月のことである。

光明皇后とともに支えてくれるはずであった藤原四子の死去は、聖武天皇にとってはたいへんな衝撃だったにちがいない。みずからの不徳をかえりみるとともに、八年前に死に追いやった長屋王のことが聖武の心に思い浮かんだことが容易に想像される。七三七年十月には、安宿《あすかべ》王・黄文《きぶみ》王・円方《まどかた》女王・紀《き》女王・忍海部《おしぬみべ》女王の五人の王族に破格の位階を授けている。彼らは、長屋王家木《もっ》簡《かん》▲を参考にすれば、全員が長屋王の子どもであることが判明する。この特別な

▼**橘諸兄**　六八四〜七五七。美努王と県犬養三千代の子。不比等の娘とのあいだに子・奈良麻呂《ならまろ》がいる。初め葛城王と名乗ったがのちに改姓。七三一年から参議となったが、藤原四子の没後に首班となり長くつとめた。

▼**藤原仲麻呂**　七一六〜七六四。不比等の孫で、武智麻呂の次男。晩年に恵美押勝《えみのおしかつ》と称した。孝謙即位後、光明皇太后の後ろ盾もえて実権を握った。つぎつぎと改革を進めたが官人たちの反感を買い、孝謙上皇と対立し、殺害された。

▼**長屋王家木簡**　平城京の長屋王邸宅跡で発掘された木簡群。三万五〇〇〇点にものぼり、邸宅内に住んだ家族、活動した人びとなどの具体的な姿が復元できる史料である。

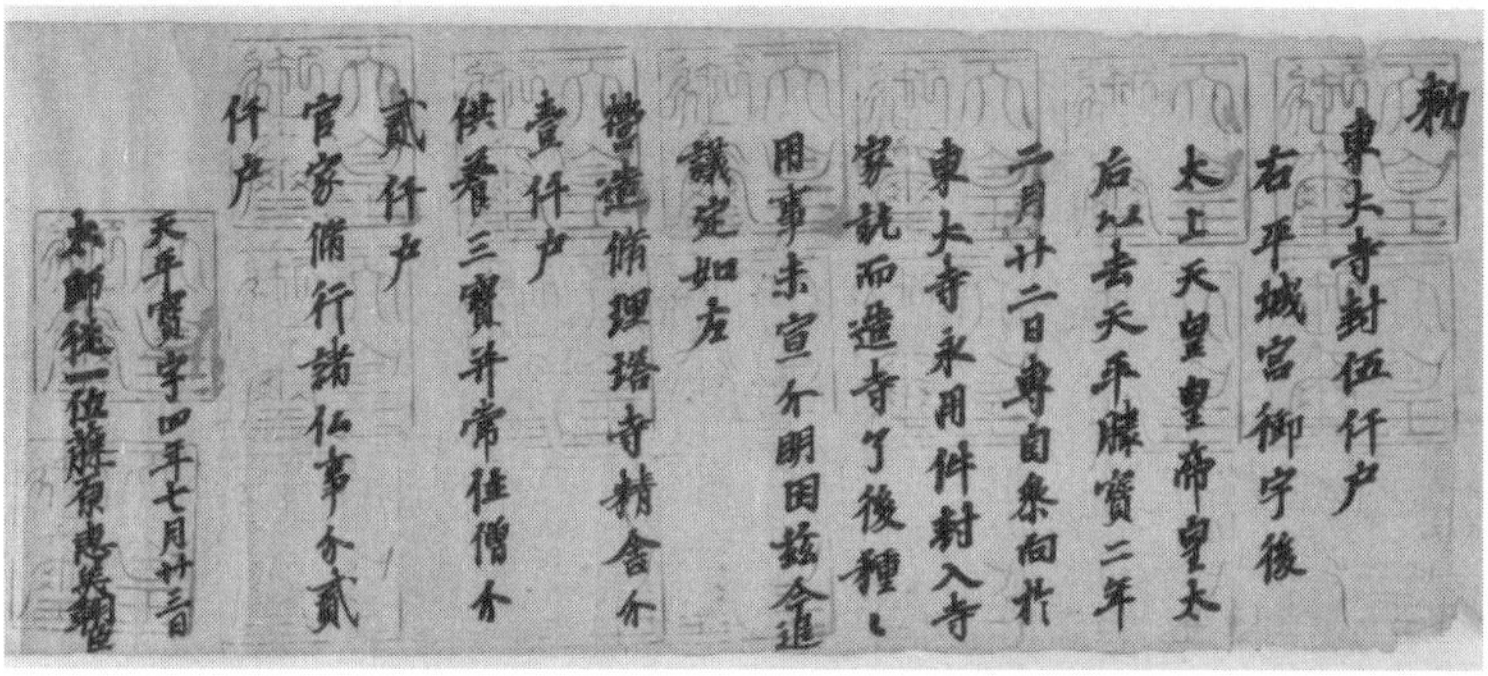

勅
東大寺封伍仟戸
右平城宮御宇後
太上天皇皇帝皇太
后以去天平勝寶二年
二月廿二日專自來向於
東大寺永用件封入寺
家訖而遣寺了後種々
用事未宣分明因玆今追
議定如左
營造修理塔寺精舍分
壹仟戸
供養三寶并常住僧分
貳仟戸
官家修行諸仏事分貳
仟戸
天平寶字四年七月廿三日
大師從一位藤原恵美朝臣

藤原仲麻呂の書　天平宝字 4 (760)年 7 月23日。正倉院宝物

	長屋王の変前 【729年 1 月】	長屋王の変後 【731年12月】	天然痘直前 【736年12月】	天然痘後 【738年 1 月】
左大臣	長屋王→	×(729年 2 月)		
右大臣			→**藤原武智麻呂**→	×(737年 7 月) →橘諸兄→
大納言	多治比池守→	×(730年 9 月) →**藤原武智麻呂**→		
中納言	大伴旅人《たびと》→ **藤原武智麻呂**→ 阿倍広庭《ひろにわ》→	×(731年 7 月) 阿倍広庭→	 ×(732年 2 月) →多治比県守→	 ×(737年 6 月) 多治比広成→
参　議	**藤原房前**→	**藤原房前**→ 多治比県守→ **藤原宇合**→ **藤原麻呂**→ 鈴鹿王→ 葛城王→ 大伴道足→	**藤原房前**→ **藤原宇合**→ **藤原麻呂**→ 鈴鹿王→ ＝橘諸兄→ 大伴道足→	×(737年 4 月) ×(737年 8 月) ×(737年 7 月) 〈知太政官事〉→ 大伴道足→ 藤原豊成→

天平初年の議政官の変遷

「五月一日経」(光明皇后御願経)

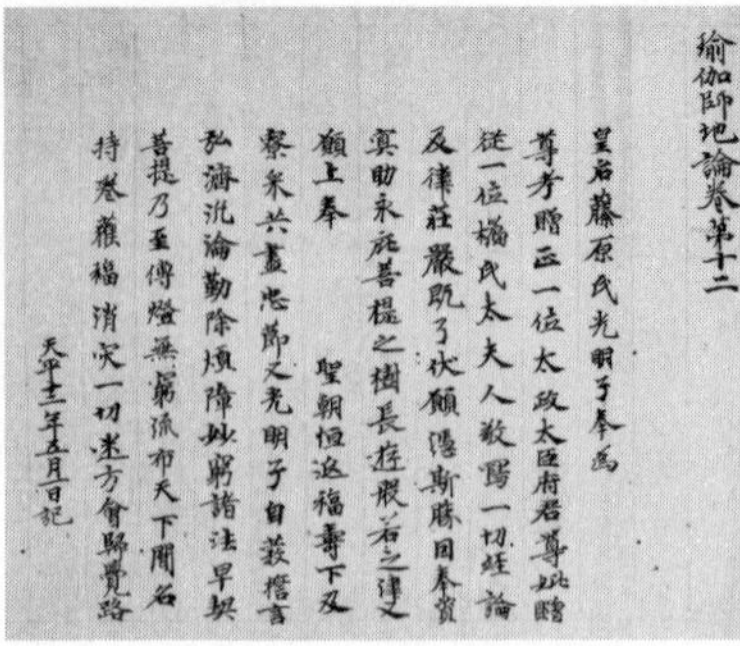
瑜伽師地論巻第十二
皇后藤原氏光明子奉為
尊考贈正一位太政太臣府君尊妣贈
従一位橘氏太夫人敬寫一切経論
及律莊嚴既了伏願憑斯勝因奉資
冥助永庇菩提之樹長遊般若之津又
願上奉　聖朝恒延福壽下及
寮采共盡忠節又光明子自發誓言
弘濟沈淪勤除煩障妙窮諸法早契
菩提乃至傳燈無窮流布天下聞名
持巻獲福消災一切迷方會歸覺路
天平十二年五月一日記

叙位は長屋王の遺児だからという理由以外に考えようがない。そこからの推測であるが、天然痘による死者がこれほど出たのは、八年前に無実の長屋王を死に追い込んだためであり、その中心となったのが藤原四子であり、不慮の死をとげた長屋王の怨霊がこの祟《たた》りをもたらしたのではないか、と考えたのではないか。そして、その霊を慰めるために、せめてもの方法として成人していた長屋王の遺児たちへの特別な叙位だったのであろう(寺崎一九九九)。

ほぼ同じ頃に、光明皇后はのちに「五月一日経」と呼ばれる一切経の書写を開始していた(七三六年九月から)。この写経事業にも長屋王に対する罪滅ぼしという意味合いが込められていた可能性が高い。なにせ、長屋王の変の後に没収した旧長屋王宅を改修して、そこに光明皇后宮が設けられたのであるから、皇后にとっても他人事ではなかったにちがいない(渡辺二〇〇一)。

③—彷徨五年

藤原広嗣の乱

猖獗《しょうけつ》をきわめた天然痘《てんねんとう》の大流行はおさまったものの、復興にはほど遠い状況であった七四〇(天平《てんぴょう》十二)年の八月下旬、被害が甚大であった大宰府《だざいふ》の実質的な責任者、藤原広嗣《ふじわらのひろつぐ》▲は上表文《じょうひょうぶん》を提出し次のように述べた。

時政の得失を指《さ》し、天地の災異を陳《の》ぶ。よって玄昉法師《げんぼうほうし》と下道真備《しもつみちのまきび》を除かんと云う。

その直後に広嗣は上表に対する結果を聞くことなく兵を起こした。九月三日、朝廷《ちょうてい》は即座にこれを謀反《むほん》と断定し、大野東人《おおののあずまひと》以下の征討軍を派遣することとした。藤原広嗣の乱の勃発である。乱の経過は『続紀《しょっき》』に詳しいが、九州北部で両軍あわせて二万人近い軍隊の激突があり、結局、十月二十三日には広嗣が逮捕され、十一月一日に処刑された。この間の九月二十九日に出された聖武天皇の勅《ちょく》を見てみよう。

▼**藤原広嗣**　?〜七四〇。不比等の孫で、宇合の長男。中央官から大宰府に左遷されたのち、時勢を批判して、軍を起こし、敗れて斬殺された。

玄昉

吉備真備(『吉備大臣入唐《にっとう》絵巻』より)

● 聖武のコトバ⑤　天平十二(七四〇)年九月二十九日

逆人の広嗣は、子どもの頃より凶悪で、長じても人を偽り陥れるようになった。父の宇合《うまかい》はつねに排除しようとしたが、朕《ちん》が許さず今までかばい続けてきた。ところが、京内でしきりに親族をそしるので、いったん遠方に移して改心するよう願ったのである。

しかし今、凶悪な反逆をなし、人民を惑わせていると聞く。まったく不孝・不忠の極みであり、天地の神々もとうてい受け入れてはくれないであろう。広嗣の滅亡は目前に迫っている。……

聖武にしてはめずらしくヒステリックに怒っている。広嗣は不比等《ふひと》の三男・宇合の長男であり、いわば身内と考えていた藤原氏のなかから自分に刃向かう者が出たことがその一因であろう。また、広嗣の上表は、具体的には天皇の側近となっていた玄昉と真備を排除すべしというものであるが、その前段で「時政の得失を指し、天地の災異を陳ぶ」とあり、これは天然痘の大流行といった災異が政治のせいで起こったのである、というように天皇批判となっていた点が重要ではなかろうか。藤原四子のあいつぐ死去に加えて、広嗣の事件は聖武天皇にとって大きな衝撃だったものと思われる。

現地の将軍・大野東人からは続々と報告が都に届き、官軍が優勢な状況を知ってはいたが、まだ広嗣逮捕の情報が入る前に、聖武は突然、平城京《へいじょうきょう》を離れて関東行幸《ぎょうこう》に出発した。それが十月二十六日のことで、大野東人に対して次のような勅を出している。

> 朕、意《おも》ふところ有るによりて、今月の末、しばらく関東《せきのひがし》に往《ゆ》かむとす。その時にあらずといへども、事やむことあたはず。将軍これを知りて驚き怪しむべからず。

関東とは鈴鹿関《すずかのせき》▲より東の意味で、しばらくは伊勢《いせ》をめざして平城宮《きゅう》を出発した。大野東人とのやりとりは行幸中になされることとなり、広嗣殺害の報告は十一月五日頃に河口頓宮《かわぐちのかりみや》(現、三重県津《つ》市白山《しろやま》町)で受けたようである。

広嗣の乱と関東行幸との関係について、かつては、聖武天皇が広嗣の乱にショックを受けて、突如、行幸に出発したのではないかと考えられてきたが、近年では、行幸計画は早くから立てられており、乱の勃発のためしばらく見合わ

▼**鈴鹿関**　東海道《とうかいどう》の伊勢国鈴鹿(三重県関《せき》町)におかれた関所《せきしょ》。美濃の不破関・越前《えちぜん》の愛発関《あらち》とともに三関《さんげん》と呼ばれ、とくに重要視された。

せていたのが、収束の見込みが立ったところで出発したと考えられるようになってきた。では、その目的地はどこだったのであろうか。

聖武の足取りは次ページ上図のとおりで、平城京から東へ向かい、河口頓宮に滞在中に伊勢神宮に奉幣使《ほうべいし》を送り、その後さらに東進、赤坂《あかさか》頓宮を経て美濃《みの》の不破《ふわ》頓宮に到着。そこから一転して琵琶湖《びわこ》岸を南下して、十二月十五日に恭《く》仁《に》宮▲にいたるのである。当初の目的が、伊勢神宮への奉幣だったのか、不破関▲を訪ねることか、恭仁宮までなのか、議論が分かれるが、琵琶湖南端の粟津《あわづ》頓宮にあたるとみられる遺跡(膳所《ぜぜ》城《じょう》下町《かまち》遺跡)の調査が行われ、行幸用と推定される大型建物が発見された。その施設建設にかかる期間を考えると、行幸出発よりもかなり前から頓宮として準備していたとみるべきであり、聖武は平城京を出る時点で、恭仁宮を最終目的地と考えていたと推測できる(栄原二〇一四)。

このようにみてくると、七三七(天平九)年の天然痘大流行をはじめとするさまざまな国難に対処し、国土の復興をめざすためには、聖武天皇は平城京をすてるという大きな決断にいたったといってよかろう。

▼**恭仁宮**　現在の京都府木津川《きづがわ》市加茂《かも》にあった宮。発掘調査により宮の範囲は南北七五〇メートル、東西五六〇メートルほどであることが判明した。

▼**不破関**　東山道の美濃国不破(岐阜県関ヶ原《せきがはら》町)におかれた関所。三関の一つ。壬申《じんしん》の乱《らん》の時に大海《おおあ》人《ま》皇子がここを拠点としたことがあり、聖武はそれを追体験しようとしたという説がある。

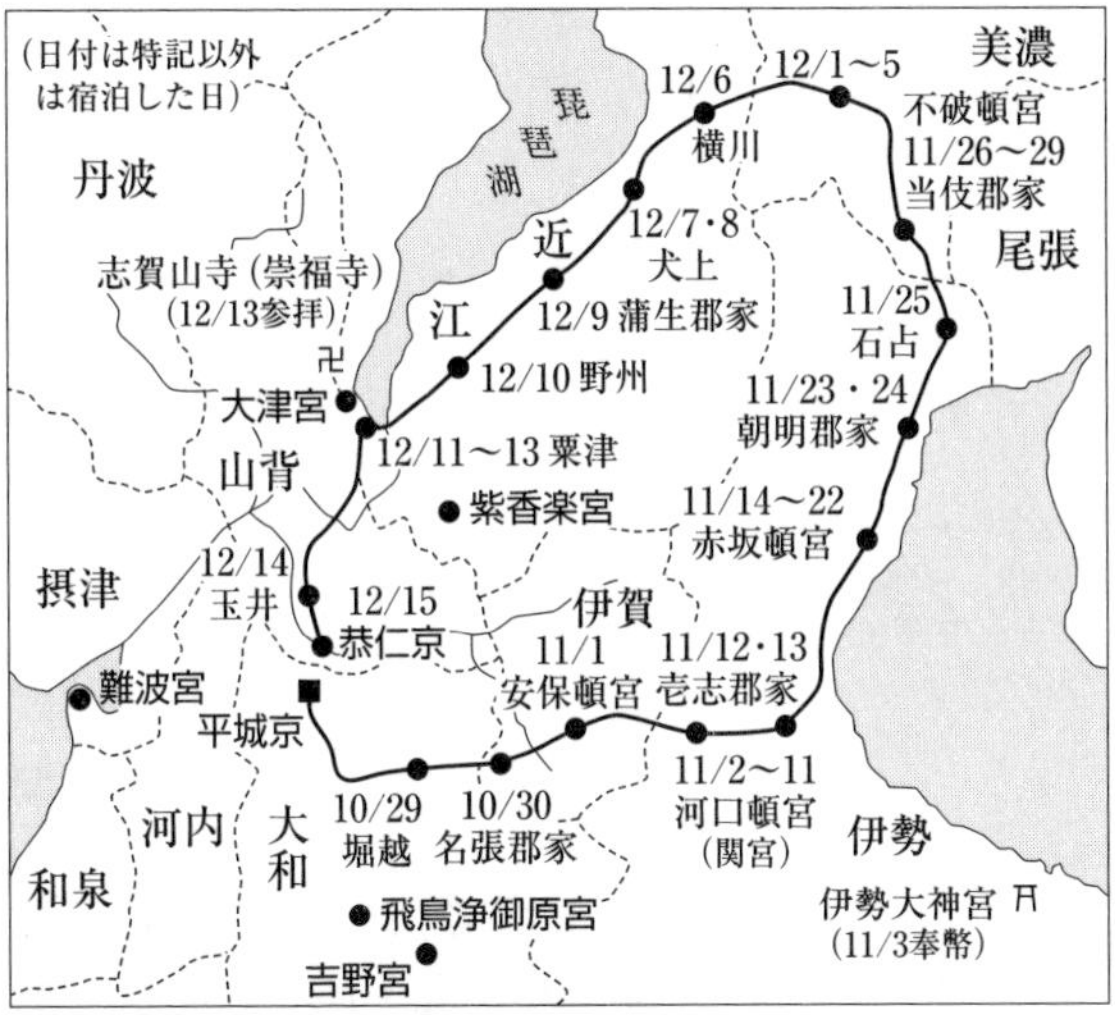

740(天平12)**年の聖武天皇の新京への足跡**(渡辺2001より)

恭仁宮出土軒丸瓦

奈良時代の大型掘立柱建物跡(膳所城下町遺跡)

恭仁宮と紫香楽宮

聖武天皇が恭仁宮に到着する前に、先発隊として右大臣《うだいじん》の橘《たちばなの》諸兄《もろえ》が十二月六日に発って「山背国相楽《やましろのくにそうらく》郡恭仁郷を経略《けいりゃく》す。遷都《せんと》を擬《はか》るをもってなり」とあり、同月十五日に聖武が到着すると、「始めて京都を作る」と『続紀』は記すから、恭仁宮は平城宮にかわる首都として造営されたのである。ほどなく、平城宮の大極殿《だいごくでん》も解体され、恭仁宮へ移建されることになる。そして、恭仁宮遷都直後の七四一（天平十三）年三月に出されるのが、後述する国分寺建立《こくぶんじこんりゅう》の詔《みことのり》である。同年九月には官人《かんじん》に宅地の班給《はんきゅう》も行い、恭仁京の造営工事は着々と進んでいったものと思われる。

ところが、七四二（天平十四）年になると、天皇は八月と十二月の二回にわたって恭仁宮の東北方に位置する紫香楽《しがらき》宮▲へ行幸する。その造営にあたったのが「造離宮司《ぞうりきゅうし》」とあるから、当初は離宮という位置付けであった。翌十五年四月にも短期の紫香楽行幸があったのち、七月にまた紫香楽宮に出かけ、それから十二月初めまで四カ月余りも滞在することになる。天皇がこれほど長いあいだ、首都を留守にするのは異例のことであり、その間の十月十五日、聖武はこの地

▼**紫香楽宮**　現在の滋賀県甲賀《こうが》市信楽《しがらき》町にあった宮。地名から、同町内裏野《だいりの》地区が宮の中心とされてきたが、発掘調査によって、その北方の宮町《みやまち》遺跡が中枢部と判明した。

▼**難波宮**　大阪城の南で発掘された難波宮は、前後期の二時期に分かれ、前期は、大化改新《たいかのかいしん》後の孝《こう》徳《とく》天皇の宮、後期は聖武天皇の宮にあたる。聖武朝以降は副都《ふくと》として、長岡《ながおか》遷都まで存続した。

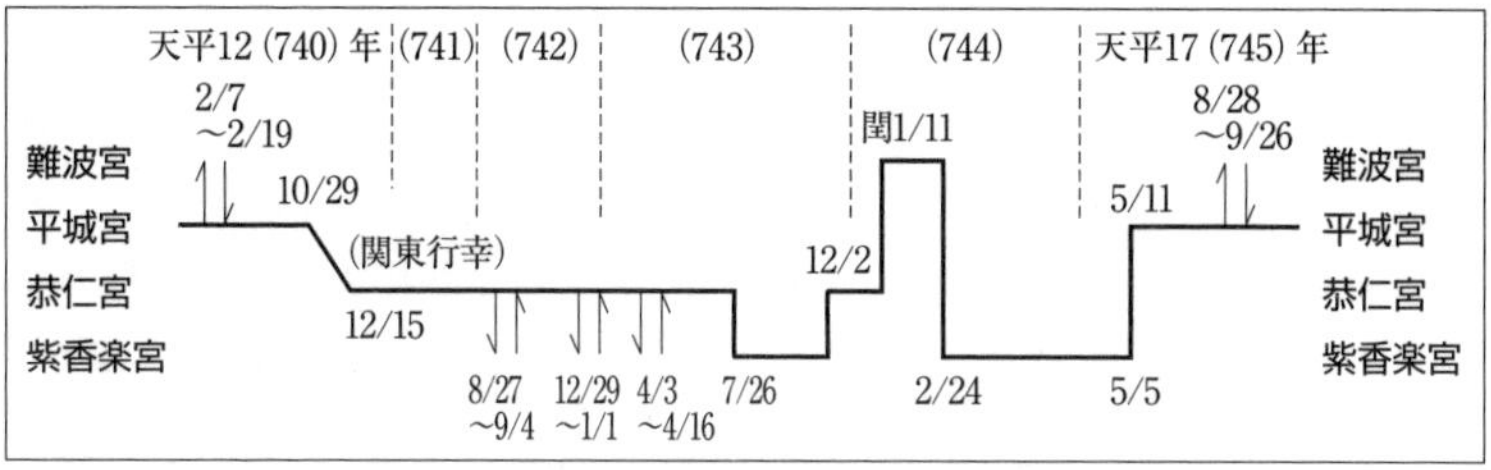

天平12〜17(740〜745)**年の聖武天皇の所在地**(栄原永遠男氏作成の図をもとに簡略化し，４つの宮の移動について１カ月以上滞在した場合は太線，１カ月未満の短期行幸は細線で示す)

に盧舎那仏《るしゃなぶつ》をつくるという大仏《だいぶつ》建立の詔を出したのである(後述)。

ここまでの動きをみると、聖武は天然痘によって大打撃を受け穢れてしまった平城京をすて、新都・恭仁宮で国分寺建立を宣言し、さらに離宮・紫香楽宮に大仏をつくるというように、仏の力によって国土復興をめざそうと考えたようである。その場合の首都はあくまでも恭仁宮という位置付けだったのであろう。ところが、『続紀』天平十五(七四三)年十二月二十六日条には次のように記されている。

はじめて平城の大極殿並に回廊を壊《こほ》ちて恭仁宮に遷し造ること四年にして、ここにその功わずかに畢《おわ》る。用度の費《ついえ》、あげて計《かぞ》ふべからず。ここにいたり更に紫香楽宮を造る。よって恭仁宮の造作《ぞうさく》を停《とど》む。

これによれば、単に恭仁宮の造営工事が一段落したと解することも可能ではあるが、そうではなく、天皇は恭仁宮自体の廃止を考えていたようである。この前後の聖武天皇の所在地を上図に示した。

七四三年十二月二日にようやく恭仁宮に戻った聖武は、その二カ月後の七四四(天平十六)年閏《うるう》正月十一日には難波宮《なにわ》▲へ行幸し、二月になると、駅鈴《えきれい》・内《ない》

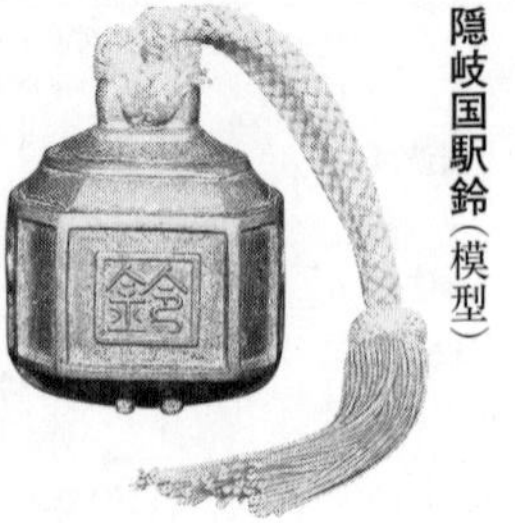

隠岐国駅鈴（模型）

▼**駅鈴・内印**　駅馬《えきば》利用証として使者に授けられた鈴が駅鈴。天皇の印《しるし》(「天皇御璽《ぎょじ》」)が内印で、とともに天皇を象徴する品で、「鈴印」と併称される。

▼**高御座**　即位や朝賀《ちょうが》の儀式の時に天皇が着座する場所。大極殿の中央に方形の壇《だん》を設けその上に八角形に帳《とばり》をめぐらす。鈴印とともに天皇の地位を象徴するもの。

印《いん》▲・高御座《たかみくら》▲を恭仁宮からそこに移して、同月二十六日に、「いま、難波宮をもって定めて皇都とす」と宣言するのである。ところが、聖武自身は宣言当日は難波にはいなくて、二日前に紫香楽宮に発っていた。しかも、聖武はその後「皇都」難波宮に一度も戻ることなく一年二カ月も紫香楽宮に居続けたまま、七四五(天平十七)年の五月には平城宮還都が決定するのである。きわめて不可解な行動といえよう。

聖武が平城宮から関東行幸に出発した七四〇(天平十二)年十月から、七四五年五月の平城還都までの期間は「彷徨《ほうこう》五年」と呼ばれている。この間、天皇自身に心の揺れがあって右往左往したのだとか、あるいは、難波宮遷都をめぐっては天皇と元正《げんしょう》上皇や橘諸兄との意見の対立があったのではないか、といったいくつかの解釈が出されているが(栄原二〇一四、中村二〇一九)、天皇がどういうことを考えていたのかとなると、本当のところはよくわからない。

橋本義則氏によれば、『続紀』と正倉院《しょうそういん》文書の二つの史料がともに七四四年の後半を境にして、「紫香楽宮」「信楽宮」から「甲賀《こうが》宮」に変化しており、それは離宮から首都への宮号の変更であり、「その背景には、世界の中心に位置する盧《る》舎那仏《しゃなぶつ》の造営開始による紫香楽宮のいわゆる仏都化《ぶつとか》政策があったのではないか」と推測しており、その点は説得力がある（橋本二〇一八）。

恭仁宮・難波宮・紫香楽宮をめぐっては、どの時点でどこが首都であったのか、といった問題についても諸説あるが、前掲（五七ページ）の図を見ると、聖武にとっては、七四四年二月以降はひたすら大仏の造立のほうに関心が移っており、それを目の前にした天皇は、他の宮には足を運ぼうともしなかったのである。

国分寺建立と大仏造営

聖武天皇の仏教政策として代表的なものは、いうまでもなく国分寺建立と大仏造営の二つであろう。これまで多くの研究があるが、ここでは簡単に見ておこう。

まずは、七四一（天平十三）年三月二十四日に出された国分寺建立の詔である。

● 聖武のコトバ⑥　　天平十三（七四一）年三月二十四日

朕は徳が薄いにもかかわらず天皇という重い任務をおっている。しかし政

陸奥国分寺(復元模型)

治はおさまらず、寝ても覚めてもそのことを恥じている。近年、穀物が稔らず、疫病がしきりに起こっていて、慚愧して自分をせめている。そこで人民のための福を求めて、これまで全国の神社を修理させたり国ごとに釈迦像をつくらせ大般若経《だいはんにゃきょう》を写経させたりしてきた。そうしたところ、今年になって風雨が順調で、五穀が豊かに稔った。これは誠をつくしたことに対する神霊のたまものである。

金光明最勝王《こんこうみょうさいしょうおう》経によれば、この経を読み供養《くよう》すれば、四天王《してんのう》が擁護に来て、すべての災いも憂えも疫病も消え失せるという。そこで、全国に命じてそれぞれ七重塔をつくり、金光明最勝王経・妙法蓮華経《みょうほうれんげきょう》を写させ、朕の写した経とともに塔に安置すべきである。願わくば、仏法が栄えて末永く伝わり、護国《ごこく》のめぐみがつねに満ちることを。

塔をつくる寺は国の華であり、立地のよい場所を選び、長く存続させるように。国司《こくし》は寺の装飾を行い清潔を保つべきである。僧寺《そうじ》と尼寺《にじ》には封戸《ふこ》と田を施入《せにゅう》し、僧尼を住まわせ、僧寺の名を「金光明四天王護国之寺」、尼寺を「法華滅罪《めつざい》之《の》寺《てら》」としなさい。僧尼は期日には必ず経典《きょうてん》を読み、国司らはこれを監督しなさい。

第一段落でいっている凶作や疫病、その対策として神社の修理や大般若経書写を命じたというのは、いずれも七三七(天平九)年のことであり、そのために今年は豊年だったというのは七三八(同十)年のことをさす。また、第二段落の七重塔を建てよという命令も七四〇(天平十二)年六月に出されている。したがって、今回の詔は、そうした前史をふまえて、改めて国分寺・尼寺の建立を具体的に命じたものといえる。つまり、その発端が天平初年以来の凶作と天然痘の大流行であることは明らかである。

全国に国分寺・尼寺を設けるという制度のモデルは、八世紀初頭の中国で則《そく》天《てん》武《ぶ》后《こう》が命じて諸州に建立させた大雲寺《だいうんじ》であろうとされる。入唐僧《にっとうそう》として海を渡った道慈《どうじ》▲や玄昉といった僧侶たちが、護国の呪力《じゅりょく》を全国におよぼすという唐の国家仏教を導入しようとすすめたのであろう。とくに玄昉は聖武・光明《こうみょう》に近く、大きな影響力をもっていた。

また、後述の大仏造営とあわせて二つの事業は、光明皇后のすすめによると

▼**道慈**　?〜七四四。七〇二年に入唐し七一八年に帰国。唐でも高僧とたたえられたという。わが国の仏教界に対して批判的で、のちに鑑真《がんじん》来日につながる戒師《かいし》招請は、彼の主張でもあった。

いう。七六〇（天平宝字《ほうじ》四）年六月に亡くなった時の光明皇后の薨伝《こうでん》には次のように記している。

太后《たいごう》、仁慈《じんじ》にして志、物を救ふにあり。東大寺《とうだいじ》および天下の国分寺を創建するは、もと太后の勧むるところなり。

母親である県犬養三千代の影響を受けて、若い頃から仏教信仰の厚かった光明皇后であれば、薨伝の記述も事実に近いと認められよう。

次に、七四三（天平十五）年十月に紫香楽宮で出された大仏造立の詔を見ておこう。

●聖武のコトバ⑦　**天平十五（七四三）年十月十五日**

朕は薄徳であるが、天皇の位を受け継ぎ、広く人びとを救おうとつとめてきた。しかし、いまだにそれが天下におよんでいない。そこで三宝《さんぼう》（仏教）の威力と霊力に頼って、天地が万代《よろずよ》まで安泰になり、生けるものすべてが栄えることを望むものである。

ここに、朕は菩薩《ぼさつ》の大願を起こして盧舎那大仏をつくることにした。国中のすべての銅を費やして像をつくり、大きな山を削って堂を構え、広く仏法を全宇宙に広めて朕の仏道への貢献とする。そして仏の功徳《くどく》を受けて、朕も皆も悟りの境地に達したいと思う。

　天下の富をもつ者は朕であり、天下の勢をもつ者も朕である。その富と勢いをもって大仏をつくるのはたやすい。しかしそれでは心が通じない。人びとを駆使すれば、仏も感ずることがなく、また非難も起こるであろう。したがって、仏と縁を結ぼうという人びとをつのり、各人が心をこめて幸せを招くように、毎日三度、大仏をおがみながら、大仏づくりに参加してもらいたい。もし、一枝の草、一にぎりの土をもって大仏づくりを助けようとする者はすべて認めようと思う。


最初の部分で「三宝の威力と霊力に頼って、天地が万代まで安泰になり、生けるものすべてが栄えることを望むものである」（書き下し文＝誠に三宝の威霊によりて、乾坤《けんこん》あひ泰《ゆたか》にし、万代の福業を修めて動植ことごとく栄えむとす）と、聖武の切実な願いが表明されている。

　詔の後半に有名な文章が登場する。原文を示せば、「夫有㆓天下之富㆒者朕也。

有㆓天下之勢㆒者朕也。以㆓此富勢㆒造㆓此尊像㆒、事也易㆑成、心也難㆑至。但恐徒有㆑労㆑人、無㆓能感㆑聖。或生㆓誹謗㆒、反堕㆓罪辜㆒」とある。

ここを、「天下の富をもつ者は朕であり、天下の勢をもつ者も朕である。その富と勢いをもってこの大仏をつくるのである」と区切って、堂々たる宣言と読むことも可能ではあるが、重点はそのあとのほうにあるとみて、右のように訳した。つまり、天皇の力でつくるのは容易《たやす》いけれども、そうではなく、この大仏は仏に帰依《きえ》しようとするすべての人びとの力を結集してつくりたいのだ、というのが聖武の意図であり、理想なのであろう。

聖武の二大仏教事業について、国分寺造営が寺田《じでん》や封戸を財源として国司が推進する政府の事業であったのに対して、大仏造営は天皇個人が行う事業として始められたという違いを指摘する見解があり、妥当であろう。

東大寺の成立

聖武は、天皇の独断で決定してもかまわないような案件でも、「できるだけ皆の意向をふまえて」と考えるタイプで、それが帝王の理想像と考えていたように思われる。たとえば、七三一(天平三)年八月、閣僚の数が減ったため後任者を補充するにあたって、天皇は官人たちに呼びかけて、「これはと思う人物を推薦するように」という命令を出し、官人たちの意見に基づくという形で、藤原宇合・麻呂《まろ》を含む六人があらたに参議に抜擢されたこと。あるいは、七四四(天平十六)年閏正月、「都を恭仁宮にすべきか、難波宮にすべきか」というアンケートを官人に対して実施したうえで、難波宮遷都を断行したことなどがそれであり、右に述べた大仏造立の詔も「人びとの力を集めて」という点でアンケートと同じ傾向を読みとることができよう。

ところが、恭仁宮・難波宮・紫香楽宮と転々とする天皇の行動に振りまわされた人びとは、元の平城宮に戻りたいと考えはじめたようである。紫香楽宮の周辺では七四五(天平十七)年四月頃から山火事が頻発するという不穏な状況も続いていた。そこで行われたのが、官人たちを対象に行ったアンケートで「いずれの処《ところ》をもって京《みやこ》とすべきか?」を問うものであった。ただし、今回は天皇ではなく太政官主催のいわば「逆アンケート」である。その結果、全員が「平城に都すべし」と答え、聖武天皇はしぶしぶ平城宮遷都をせざるをえなくなった

東大寺西大門勅額「金光明四天王護国之寺」

のである。

こうして七四五年五月、平城還都が決定し、それにともなって途中まで造営されていた紫香楽での大仏づくりも中止せざるをえなくなったが、聖武としては、大仏造営を改めて平城京で行うことを条件に、還都を承認したようである。そして、その場所として選ばれたのは、平城京の東に接する若草山《わかくさやま》の麓《ふもと》の地であり、聖武天皇ゆかりの場所でもあった。

現在の東大寺境内から東の丘陵にかけての場所には、東大寺の前身となる施設がいくつかあった。その一つが金鐘山房《こんしゅさんぼう》で、これは聖武の最初の男子（皇太子）が生後一年で亡くなった時（七二八〈神亀五〉年）に、その菩提をとむらうために建てられたもので、それが発展して金鐘寺《こんしゅじ》となっていった。また同じ丘の一郭には、光明皇后がつくったとされる福寿寺《ふくじゅじ》があり、史料には七三八（天平十）年から確認できる。さらにそのほかに、この一帯には「羂索院《けんじゃくいん》」「千手堂《せんじゅどう》」「天地院」といった施設もあったらしい。それらが、七四一（天平十三）年の国分寺建立の詔を契機に統合され、「金光明寺《こんこうみょうじ》」となり、ここが大和《やまと》の国分寺であり、全国の国分寺の総本山《そうほんざん》と位置づけられるようになるのである。なお、金鐘寺や福寿寺などの位置については、近年研究が進み、明らかになりつつある(吉川二〇〇〇)。

大仏は、その金光明寺の一郭で七四五年八月から造営が始まり、それにともなって、七四七(天平十九)年頃からは金光明寺の別称として「東大寺」とも呼ばれるようになったのである。

④―晩年の聖武天皇

後継者問題

七四五(天平《てんぴょう》十七)年に平城宮《へいじょうきゅう》に戻った時、聖武はすでに四五歳となっていたわけであるが、以下では少し時間をさかのぼって、彼の後継者の問題をまとめておきたい。

七二九(天平元)年に立后《りっこう》した光明《こうみょう》皇后は、そののち体調をくずしたこともあり、結局、期待された子どもを産むことがなかった。天然痘《てんねんとう》の流行が小康を保っていた天平九(七三七)年二月十四日条の『続紀《しょっき》』に次のような叙位記事がある。

夫人《ぶにん》、无位《むい》藤原朝臣《ふじわらのあそん》の二人名を闕《か》くに並びに正三位《しょうさんみ》、正五位下《しょうごいげ》県犬養《あがたいぬかいの》宿禰広刀自《すくねひろとじ》、无位橘《たちばな》宿禰古那可智《こなかち》に並びに従三位《じゅさんみ》を授く。……

ここに見える県犬養広刀自を除く三人は、无位(無位)から正三位ないし従三位という高位に叙せられた「夫人」であり、この直前にあらたに聖武天皇の夫人となったものとみられる。名前のわからない藤原氏の二人とは、武智麻呂《むちまろ》の娘と房前《ふささき》の娘であり、橘古那可智は橘諸兄《もろえ》の弟・佐為《さい》の娘である。三七歳を迎えた光明皇后に男子出産の可能性が低くなったことを見すえた入内《じゅだい》であろう。とくに藤原氏の二人の娘は、正五位下から従三位に昇進した県犬養広刀自よりも高い正三位に叙されており、こののちに男子を出産した場合には、広刀自腹の安積《あさか》親王の対抗となりうる体制をしいたとみることもできよう。

ところが同年の後半に大流行した天然痘の猛威によって、三人の後ろ盾となるべき父親はいずれも亡くなってしまうのである。その後、三人の夫人は、武智麻呂の娘が七四八(天平二十)年、房前の娘が七六〇(天平宝字《ほうじ》四)年、古那可智が七五九(同三)年に没するが、一人も子をなした形跡がない。したがって、聖武の子どもとして確実なのは、光明皇后を母とする阿倍《あべ》内親王と某皇太子、県犬養広刀自の産んだ井上《いのえ》内親王、安積親王、不破《ふわ》内親王の五人だけである。七三七年の時点では、すでに亡くなった某皇太子と生年が不明の不破(五人のなかでは最年少か)を除けば、阿倍が二〇歳、井上は二一歳で父の即位後に斎王《いつきのみこ》▲となって以来伊勢《いせ》に住んでおり、安積は一〇歳に成長していた。

そうしたなかで、七三八(天平十)年正月に阿倍内親王が皇太子に立てられた。

▼**斎王**　天皇の代替わりごとに未婚の皇女が選ばれ、伊勢の斎宮《さいぐう》に住み、伊勢神宮に奉仕した。天武天皇の時の大伯《おおく》皇女から始まる。

前に掲げた表「皇太子の立太子《りったいし》年齢」によれば（二八ページ参照）、二一歳での立太子は不自然ではない。問題は、阿倍が史上はじめて未婚の女性皇太子となる点である。そのことについて、阿倍は即位後に次のように父母の言葉を公表している。一つは七六二（天平宝字六）年六月三日の宣命《せんみょう》で、「母の皇太后《こうたいごう》が朕《ちん》におおせられたのは、『草壁《くさかべ》皇子以来の皇統が途絶えようとしている。そのため女子ではあるが汝《なんじ》に嗣《つ》がせよう』と」。

もう一つは七六九（神護景雲《じんごけいうん》三）年十月一日の宣命のなかで、譲位した時の聖武が官人たちに対して、「自分を君主と思う者は、これからは光明皇后と阿倍皇太子によく仕えよ」と述べたあと、「朕は子どもが二人いるということはない。ただこの太子一人が朕の子である。この心を知って、皆まもりお仕えしなさい」といったというのである。

ともに後世になって明かされた言葉なので扱いがむずかしいが、異例の女性皇太子というなかで、ほかに子がいながら阿倍一人を強調する点などは事実に近いとみられるから、阿倍の立太子は、母である光明皇后の意向も受けて聖武が決断したのであろう。

都《みやこ》が恭仁《くに》宮にあった七四三(天平十五)年五月五日の節日《せつじつ》には、聖武天皇・元《げん》正《しょう》上皇の臨席のもと、皇太子が五節舞《ごせちのまい》▲を披露し、天皇と上皇とのやりとりがあった。聖武の宣命のみ掲げよう。

● 聖武のコトバ⑧　天平十五(七四三)年五月五日

太上天皇につつしんで申し上げます。恐れ多くも天武《てんむ》帝が天下をおさめられ、思われたことは、上に立つ者と下の者との関係を整え、やわらげるためには、礼と楽の二つがならんで行われることこそ大切である、ということでした。そこで天武帝が、この五節舞を始められたことを聞き、天地とともにたえることなく、つぎつぎと受け継がれてゆくべきものとして、皇太子にならわせ体得してきたことを、つつしんで太上《だいじょう》天皇の前で披露させることを奏上《そうじょう》いたします。

こうして、皇太子としての承認をえるべく、聖武は着々と事を進めていった。一方、光明皇后や藤原氏にとって気になる存在であった安積親王の動向はどうか。『万葉集《まんようしゅう》』によれば、大伴家持《おおとものやかもち》▲や藤原八束《やつか》▲(真楯《またて》)らとの交流が知られ、若

▼**五節舞**　倭《やまと》舞とも五節田舞ともいわれ、大和《やまと》地方の農耕習俗に由来する舞であろう。ここでは、それを天武天皇が始めた、という点に重きがおかれている。

▼**大伴家持**　?～七八五。大伴旅人《たびと》の子。『万葉集』の編者として知られる。安積親王の頃はまだ若かったが、七四五年以降、地位をあげてゆき、亡くなった時は中納《ちゅうな》言《ごん》兼鎮守《ちんじゅ》将軍として陸奥に赴任していた。

▼**藤原八束**　七一五～七六六。房前の三男。のちに真楯と改名。聖武・孝謙天皇の信頼が厚く、能力の高さに従兄の仲麻呂がねたんだという。『万葉集』に歌を遺している。没した時は大納言《だいなごん》であった。

者として順調に成長していたものと思われる。のちにうたわれた家持の晩歌《ばんか》には、安積の将来に期待していたといった表現もある。ところが、その安積親王は七四四(天平十六)年閏《うるう》正月に急死してしまうのである。一七歳であった。同月十一日に、聖武とともに遷都《せんと》に向けて恭仁宮から難波《なにわ》宮へ出発したが、安積は途中で脚病のために恭仁宮へ引き返し、二日後に亡くなった。事が急であり、そのおかれた立場から、彼は藤原氏の手によって暗殺されたのではないか、という疑いもあるが(横田一九七三)、藤原氏が天皇の許しもなく親王を殺害するといった危険をおかすかとなると、おおいに疑問である。

いずれにせよ、この時点で聖武天皇の男子はいなくなったが、それでもなお、阿倍皇太子を認めない人びとがいた。これものちのことであるが、七五七(天平宝字元)年七月に橘奈良麻呂《ならまろ》▲のクーデタ計画が発覚して関係者が処分された時の尋問記録が『続紀』に記されており、そのなかで、佐伯全成《さえきのまたなり》は次のように語っている。

去る天平十七年、先帝陛下、難波に行幸《ぎょうこう》せしとき、寝膳宜《しんぜんよろ》しきに乖《そむ》けり。時に奈良麻呂、全成に謂《い》ひて曰《いわ》く。『陛下、枕席安《ちんせきやす》からず、ほとんど大漸《たいぜん》に

▼**橘奈良麻呂**　七二一〜七五七。諸兄の長男。七四九年には早くも参議《さんぎ》となったが、しだいに藤原仲麻呂と対立し、仲麻呂を除くために何度か密議を重ねている。それが発覚し七五七年に事件となった。

至らんとす。しかもなほ皇嗣《こうし》を立つること無し。恐らくは変有らん。……』と。

これは平城還都後の七四五年八月から九月にかけて難波宮に行幸した時のことで、その地で聖武は重病になったが、その際に奈良麻呂は「まだ皇嗣が決まっていないので、天皇が亡くなれば争乱が起こるであろう」という認識を示し、阿倍とは別の皇嗣を立てる計画に全成を誘ったというのである。

聖武の体調は、その頃からしだいに悪化していくようである。右の時のことを『続紀』天平十七年九月十九日条では「天皇、不予《ふよ》」と記し、そのために平城宮と恭仁宮の留守官に宮中を固く守ることを命じ、孫王たちにことごとく難波宮に集まるよう指示し、さらに平城宮から鈴印《れいいん》を取りよせている。つまり一時的に危険な状態に陥ったようである。その後、天皇は二十五日に平城宮に戻っており、いったんは回復したが、七四七(天平十九)年正月の勅でも「朕、寝膳、和《わ》に違《たが》ひて、延《ひ》きて歳月を経《へ》たり」と述べているところをみると、あまりよくはなかったらしい。同年三月には、光明皇后が天皇の病気平癒を願って、新薬師《しんやくし》寺《じ》の造営を始めたと『東大寺要録《とうだいじようろく》』▲は記している。

▼**『東大寺要録』**　十二世紀初頭にまとめられた東大寺の寺誌。編者は不詳。創建以来の寺の歩みを多くの史料を引用して語る。

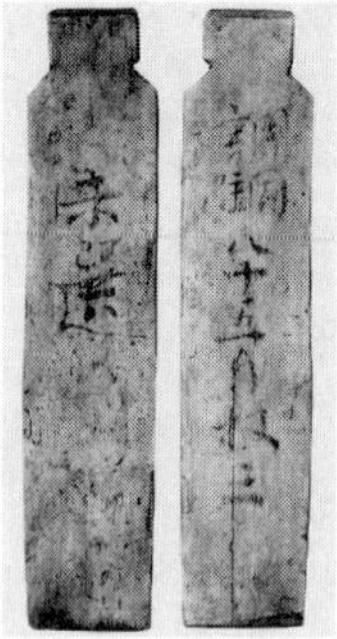

長登銅山（山口県）出土付札木簡

したがって、未婚の女性皇太子という不安定な要素を含みながらも、病気がちな聖武にとっては、皇太子への譲位ということが現実味をおびていったのである。

三宝の奴

その間にも聖武念願の大仏《だいぶつ》造営は着々と進んでいた。大仏の鋳造《ちゅうぞう》は七四七（天平十九）年九月から始まり、二年後の七四九（天平勝宝《しょうほう》元）年十月頃に一段落した。材料となる銅は七四万斤（約四五〇トン）を要したという。その銅像に塗るための金が不足するのではないかと心配していたところ、七四九年二月に、陸奥国《むつのくに》から金産出の報告が入ってきた。国内初の産金に天皇は大喜びし、これは大仏のおかげであるとして、その報告のために四月一日に東大寺へ行幸した。『続紀』は次のように記している。

天皇、東大寺に行幸し盧舎那仏《るしゃなぶつ》の前殿《まえどの》に御《ぎょ》して、北面《ほくめん》して像に対す。皇后・太子並びに侍《はべ》り、群臣百僚と士庶は分頭して殿の後に行列す。勅《ちょく》して、左大臣橘宿禰諸兄を遣わして、仏にもうさく。

東大寺大仏殿（『信貴山縁起絵巻』平安時代）

以下は宣命なので、現代語訳とする。まずは大仏に対して述べる。

● 聖武のコトバ⑨　**天平勝宝元(七四九)年四月一日**

三宝《さんぼう》の奴《やっこ》としてお仕え申し上げる天皇の言葉として、盧舎那仏の前に申し上げます。わが国は天地の初めより以来、黄金は他国からもたらされることはあっても、国内で産することはないものと思っておりましたところ、陸奥国守《こくしゅ》が小田《おだ》郡から黄金が出たと報告してきました。これを聞いて驚き、喜びながら、これは盧舎那仏がおめぐみくださり、幸いを授けてくださったものであろうと思っております。これをうけたまわりかしこまっていただき、多くの役人たちを引き連れて礼拝し、仏にお仕えすることを、三宝の前にかしこまって申し上げます。

これに続けて、親王以下官人に対する宣命が述べられる。

● 同右

今、自分の治世にあって、天地の神々のことを思い、恐れ多くかしこまっていたところ、陸奥国小田郡で金が産出したとして進上してきた。これを思うに、さまざまな方法のなかでもとくに仏の言葉こそが国家を護るに勝れているると聞き、全国に最勝王経《さいしょうおうきょう》を安置し、盧舎那仏をつくろうとして、天地の神々に祈りまつってきた。代々の天皇が仏を礼拝し、人びとを率いて仕えてきたのも、災いがやみ平安が訪れるように、と思ってのことである。

しかし、人びとは盧舎那仏が完成しないのではないかと疑い、私も塗金すべき金がたりないと憂えていたところ、三宝の霊妙な言葉を受けて、天の神・地の神がこれをよしとして受け止め幸いをあたえてくださったのである。また、天皇の祖先の霊のめぐみによっても金が出現したことを思えば、これを喜び貴びありがたく恐れ多いことである。……

この大仏を前にして出された聖武の宣命は、さまざまな点で注目される。一つには、天皇が大仏に対して「北面」したことであり、これは「天子南面《なんめん》」といった中国的な方位観からすれば、天皇が大仏に「臣下《しんか》の礼」をとったと解されることである。二つには、大仏に対する宣命のなかでみずからを「三宝の奴」と称したことであり、三宝(仏・法・僧)の奴隷とは、天皇が仏の弟子として仕えるこ

▼**行基**　六六八～七四九。河内の生まれで、寺で修行ののち、各地を周遊し布教活動を行ったが、政府の弾圧を受けた。その活動は社会活動でもあり多くの人びとに支持され、やがて天皇もこれを認めて大仏造営への参加を呼びかけた。

行基

とを、多くの官人たちの前で宣言したことになる。三つには、官人に対する宣命で、傍線部のように、天皇は「仏の言葉」（原文は「大御言《おおみこと》」）こそが国を護ってくれるとして、ことに重視し、そのために国分寺建立《こくぶんじこんりゅう》と大仏造営を行ったのだと宣言し、また、その仏の言葉を天神地祇《てんじんちぎ》が受けとめてくれたので金が出現した、と仏教と神々との関係を理解している点などである。

聖武天皇は、この年正月に行基《ぎょうき》▲を師として受戒しており、すでに出家の身となっていた。そのことについて、東野治之氏は次のような指摘をしている（東野一九九七）。

古代の天皇はみずからも神である「現人神《あらひとがみ》」として神々をまつってきたが、天《あま》照大神《てらすおおみかみ》を除く一般の神は天皇の臣下という位置付けであった。ところが、その天皇が出家をするとなると、きわめて大きな意味をもつのであり、その最初の例が聖武天皇である。天皇が「三宝の奴」と称したことはその現れであり、神《しん》仏習合《ぶつしゅうごう》などその後の思想に大きな影響をおよぼすことになる、というのである。

古代では「鎮護《ちんご》国家仏教」などといわれるように、天皇は「外護者《げごしゃ》」として仏教を保護し援助をあたえるのに対して、仏教界はさまざまな仏事を通じて天皇・国家を守るという役割であったのが、ここにいたって天皇が「仏弟子」になったことは、両者の関係が逆転したとみることができる。聖武自身の意識は別としても、大きな転換であったことは確かであろう。やがて即位する孝謙《こうけん》天皇も天皇として受戒し、一度譲位したものの、尼のままふたたび皇位につくことになる。それがやがて道鏡《どうきょう》▲を皇位継承者にと考えてゆくようになるが、仏教の師である道鏡を俗界のトップにすえても不自然ではない、といった考えが孝謙(称徳《しょうとく》)にあったとすれば、これも聖武出家の延長上にあるといえるかも知れない。

譲位

聖武天皇の譲位までの動きを整理しておく。七四七(天平十九)年にふたたび重い病となったが、翌七四八(同二十)年四月には元正太上《だいじょう》天皇が亡くなった。実に二五年ものあいだ、上皇として聖武を支えてきたわけであるが、これまで上皇が同時期に二人存在したことがなく、元正の死去によっていわば聖武譲位

▼**道鏡**　?〜七七二。孝謙上皇の病気をなおして以来、寵愛を受け、上皇が天皇に復帰すると、太《だ》政大臣禅師《じょうだいじんぜんじ》から法王《ほうおう》へと地位をあげ、やがて道鏡を天皇にという神託《しんたく》事件に発展したが、実現にはいたらなかった。

▼**『扶桑略記』**　平安時代後期の史書。堀河《ほりかわ》天皇の一〇九四年までの記事を編年体でおさめ、さまざまな史料をもとに編集されている。

▼**大安寺**　平城京左京《さきょう》にあった官大寺《かんだいじ》。舒明《じょめい》天皇の百済《くだら》大寺の系譜を引き、代々天皇家の寺として、国家第一の格をもつ寺であった。

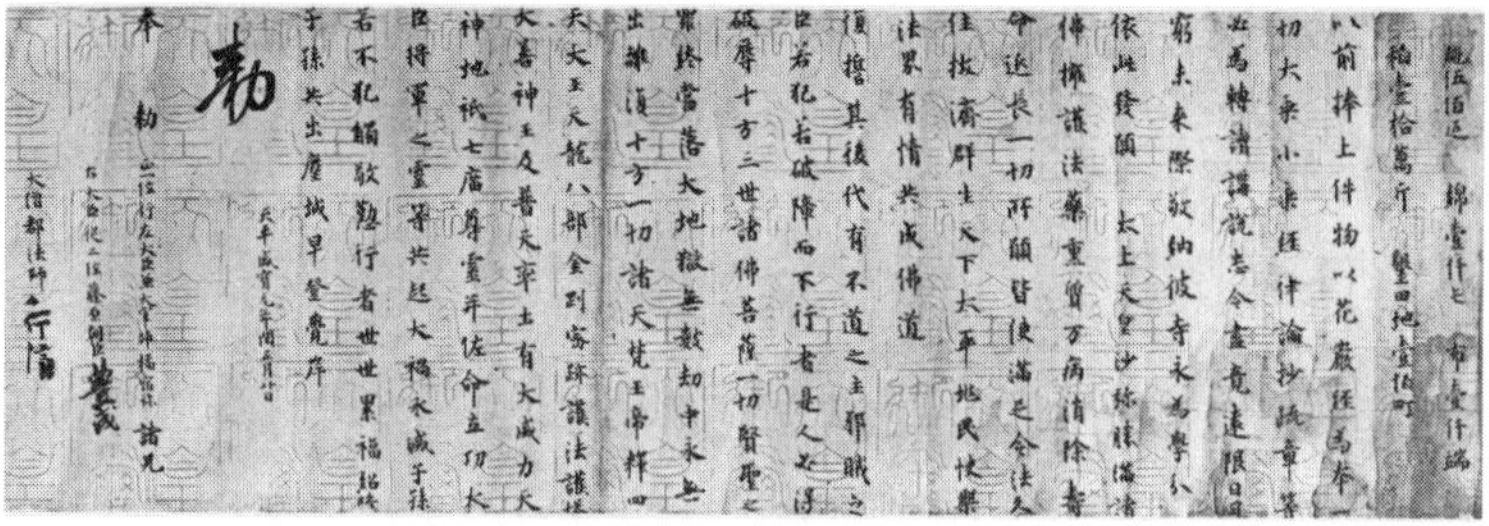

天平勝宝元(749)年閏５月20日の勅書

の条件が整ったとする見方が有力である。

七四九(天平勝宝元)年正月に、聖武は大僧正《だいそうじょう》となっていた行基を師として受戒し、出家の身となった(『扶桑略記《ふそうりゃっき》』)。その行基は翌二月に亡くなっている。四月に産金を大仏に報告したことは既述のとおり。閏五月二十日に詔《みことのり》を出し、大安寺《だいあんじ》以下の有力寺院に種々の品や墾田地《こんでんち》を施入して経典の読誦《どくじゅ》を命じ、自身の延命と人びとの救済を願ったが、そのなかでみずからを「太上天皇沙弥《しゃみ》勝《しょう》満《まん》」と称している。「沙弥」は正月に出家したこと、「太上天皇」はまもなく譲位することをふまえた表現であろう。その三日後、聖武は薬師寺《やくしじ》に居所を移し、内裏《だいり》を明け渡した。

こうして準備を整えたのち、七月二日に皇太子に譲位し、孝謙天皇の即位となった。大極殿《だいごくでん》において、はじめて譲位の宣命と即位の宣命が連続して読み上げられたが、自分の即位の正統性を詳しく述べ立てたこれまでの天皇の即位宣命に比べて、二つの宣命は比較的単純である。天武—草壁皇統の定着を示すのであろうか。ここでは聖武の宣命だけあげておこう。

開眼会のようす(『東大寺縁起絵巻』)

● 聖武のコトバ⑩　天平勝宝元(七四九)年七月二日

……元正天皇が「天智《てんじ》天皇が永遠に改めてはいけない掟《おきて》として定められた法に従って、天皇の地位は私の命令としてあなたがお嗣《つ》ぎなさい」とおっしゃった大命を、恐れ多くもうけたまわり、その地位についてきた。しかし、この間には、さまざまな政治上の事柄が起こり、わが身はもはやそれにたえることができないので、法に従って、天皇の地位をわが子(阿倍内親王)に授けようと思うので、親王以下の臣下たちは朕の言葉をみな聞きなさい。

譲位の理由は傍線を引いた部分のみである。原文は「万機《よろづのまつりごと》密《しげ》く多くして御身《みみ》敢《あ》へ賜はずあれ」。——短くて常套句のようにもみえるが、聖武のここまでの苦難の歩みを思うと、万感のこもった表現といえば大げさであろうか。即位した孝謙女帝は三二歳となっていた。譲位した上皇は、天皇の後ろ盾となって支えることが期待されていたが、健康問題から聖武上皇はその役目を果たすことができなかった。その上皇にかわって女帝《じょてい》の後見人となったのが、母親の光明皇太后であった。その端的な表れが紫微中台《しびちゅうだい》の設置である。

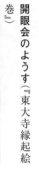

▼**『日本霊異記』**　九世紀前半に成立した日本最古の仏教説話集。上中下の三巻に合計一一六話をおさめる。薬師寺僧・景戒《きょうかい》の撰で、奈良時代の習俗をよく伝える。

開眼筆(右)**と開眼縷**　正倉院宝物

律令《りつりょう》の規定では、皇后・皇太后《こうたいごう》・太《たい》皇太后につく官司《かんし》は中宮職《ちゅうぐうしき》一つであったが、光明子が立后した時に中宮職とは別に皇后宮職を新設した。それを今回の天皇交替によって、紫微中台と改めたのである。七四九年八月十日に任命された紫微中台の官人の顔ぶれと規模は、皇后宮職をはるかに凌駕する役所になったことがわかる。そして、その長官となったのが藤原武智麻呂の次男・仲麻呂《なかまろ》であり、光明子が期待をかけていた甥にあたる。仲麻呂はここから権力の座に駆けのぼってゆくこととなる。

譲位した聖武は、髪を剃り袈裟《けさ》を着てすごしたようである(『日本霊異記《にほんりょういき》』▲中巻の序)が、体調は一進一退であった。『続紀』では、亡くなる以前に、天平勝宝三(七五一)年十月、同四(七五二)年正月、同七(七五五)年十月に「上皇不予」の記事が見られ、それぞれ対策が講じられている。その頃には大仏造営工事が完了し、いよいよ七五二年四月九日に大仏開眼会《かいげんえ》が挙行された。この年は、日本にはじめて仏教が伝わったと『日本書紀《にほんしょき》』が記す五五二年からちょうど二〇〇年目にあたる。それとともに、聖武上皇の体調との関係から、開眼供養を急いだという事情もあったかも知れない。

鑑真

当日、上皇は光明皇太后・孝謙天皇とともに東大寺に行幸し、開眼会に参加した。晩年のエネルギーを傾けた大仏造営であっただけに、その思いは一入《ひとしお》だったと推測されるが、みずからが開眼師をつとめる体力は残っていなかった。かわりに婆羅門僧正《ばらもんそうじょう》菩提僊那《ぼだいせんな》▲が、太い開眼筆で大仏の目を描き、筆に結びつけられた長い縷《る》(絹紐)を上皇以下の参列者たちが手に握って結縁した。『続紀』はこの時の儀式について、「仏法、東に帰《いた》りてより、斎会の儀、かつて此《かく》のごとく盛《さかん》なるは有らず」と書き記している。

崩御

七五四(天平勝宝六)年二月、帰国した遣唐使《けんとうし》とともに来日した鑑真《がんじん》▲の一行が入京した。仏教界がかねてより切望していた二十数人の伝戒師《でんかいし》の渡海であり、ようやくわが国でも正規の手順を踏んだ受戒《じゅかい》が可能となったわけである。さっそく四月に大仏殿の前に戒壇《かいだん》を設け、聖武上皇、光明皇太后・孝謙天皇がそろって、鑑真を和上《わじょう》として菩薩戒《ぼさつかい》▲を授けられた。同年七月には、聖武の母、藤原宮子《みやこ》が没した。三七歳にしてはじめて母と対面して以来、何度、顔をあわせる

▼**菩提僊那**　七〇四～七六〇。中国から来日したインドの僧。入《にっ》唐《とう》学問僧の要請で来日し、大安寺で活動し、七五一年には僧正となった。聖武天皇の要請で、大仏開眼師をつとめた。

▼**鑑真**　六八八～七六三。中国揚州《ようしゅう》出身の高僧。戒師の要請を受けて来日を決意し、何度も難にあいながら七五三年に日本へ到着し、天皇をはじめ多くの人に戒を授けた。唐招提寺《とうしょうだいじ》を拠点とした。

▼**菩薩戒**　出家して沙弥となった者が、次の段階に進む時に受ける戒律。戒師に対して五八の戒を

機会があったのであろうか。

七五五(天平勝宝七)年になっても上皇の体調不良が続き、十月二十一日には孝謙天皇が次のような勅《ちょく》を出して大赦《たいしゃ》を命じている。

このごろの間、太上天皇、枕席安からずして、寝膳宜しきに乖けり。朕ひそかにこれを念《おも》ひて、情《こころ》に深く惻隠す。それ病を救ふ方は、ただ恵を施すにあり。

年が明けると小康をえて、二月二十四日から難波宮への行幸に出たが、天皇と皇太后も同行したようで、上皇最後の旅となった。河内《かわち》の知識寺《ちしきじ》▲や難波の堀《ほり》江《え》▲など縁《ゆかり》の場所を訪ねているのは、当人たちもそのことをわかっていたのであろう。そして、四月十四日にまた「不予」となり、急ぎ平城宮に戻ったものの、五月二日、ついに聖武上皇は崩御《ほうぎょ》した。五六歳であった。

『続紀』は、崩御に続けて、「遺詔《いしょう》して、中務卿《なかつかさきょう》従四位上《じゅしいじょう》、道祖《ふなど》王▲を皇太子と為す」と記す。つまり、聖武は最後まで未婚の孝謙天皇の跡継ぎのことが心配で、それを指名して亡くなったわけである。道祖王は天武天皇の孫にあたり、新田部《にいたべ》親王の子であるから、これまで維持してきた草壁皇子直系の皇位継承を

守ることを誓う。

▼河内の知識寺　河内国大県《おおあがた》郡(大阪府柏原《かしわら》市)にあった古代寺院。そこに盧舎那仏があり、かつて聖武天皇がそれを拝したことが大仏建立の発端となった。

▼難波の堀江　河内平野で氾濫する淀《よど》川・大和川の水を大阪湾へ排水するために掘られた水路。掘削の開始は六世紀頃か。場所は現在の天満《てんま》川・長堀《ながほり》川など諸説ある。

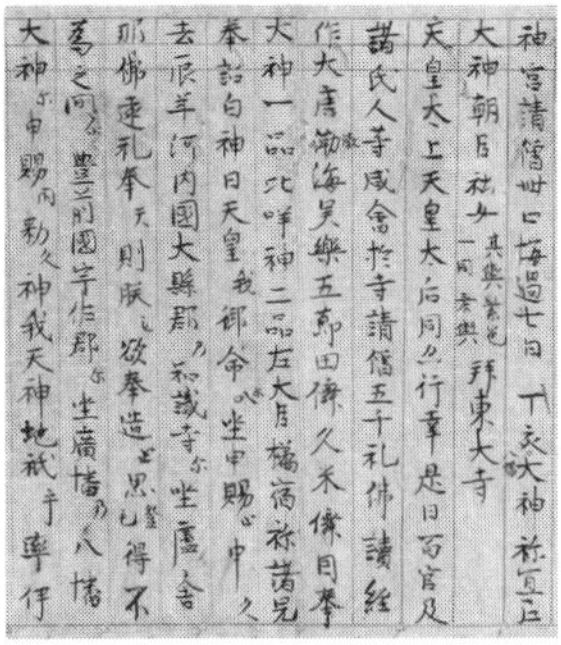
神宮請僧卌口悔過七日　丁亥八幡大神祢宜尼
大神朝臣杜女其輿紫色一同乗輿拝東大寺
天皇太上天皇太后同亦行幸是日百官及
諸氏人等咸會於寺請僧五千礼佛読経
作大唐渤海呉楽五節田儛久米儛因奉
大神一品比咩神二品左大臣橘宿祢諸兄
奉詔白神曰天皇我御命尓坐申賜止申久
去辰年河内國大縣郡乃知識寺尓坐盧舎
那佛遠礼奉天則朕毛欲奉造止思登毛得不
為之間尓豊前國宇佐郡尓坐廣幡乃八幡
大神尓申賜閉勅久神我天神地祇乎率伴

『続日本紀』巻第十七　河内知識寺に盧舎那仏を礼奉すの条。

断念せざるをえなかったのである。もっとも、譲位以後ほとんど政治へ口を出すことのなかった上皇が、なぜ遺詔という形で意思を示したのか、孝謙・光明らとの話合いといったことがあったのかどうか、なぜ指名したのが道祖王だったのか、等々わからないことが多い。ただし、道祖皇太子はその後一年もたたずに廃太子されることになる。

　五月から六月にかけての『続紀』は、上皇崩御にかかわる記事で埋めつくされている。五月三日「固関《こげん》▲」、四日「七大寺で誦経《じゅきょう》」、八日「初七日の法会《ほうえ》」、十五日「二七日の法会」、十九日「佐保《さほ》山陵に埋葬」、二十二日「三七日の法会」、二十四日「看病禅師《ぜんじ》の褒賞」、六月三日「国分寺の造仏の督励」、四日「五七日の法会」、八日「一年間の殺生《せっしょう》禁断令」、十日「国分寺の仏殿造営の督励」、十四日「六七日の法会」、二十一日「七七日の法会」……と続く。つまり、一連の葬送儀礼が完全に仏教の儀式として行われたのであり、これまでの天皇に比べて異例のことであったといえよう。

　七七日(四十九日)の法会が終わったところで、光明皇太后は、聖武遺愛の品々を東大寺の大仏に献納した。これが「正倉院宝物《しょうそういんほうもつ》」の始まりである。献納は

▼**道祖王**　?～七五七。天武天皇の孫で、新田部親王の子。聖武天皇の遺詔によって七五六年に皇太子となったが、翌年、聖武の喪中に不謹慎であったとして廃され、橘奈良麻呂の乱で亡くなった。

▼**固関**　奈良時代に、天皇・上皇などの死去や、謀反《むほん》事件などが起こった際に、使者を急ぎ派遣して三関《さんげん》(鈴鹿関《すずかのせき》・不破《ふわ》関・愛発《あらち》関)を閉鎖し、事件の波及をとどめる措置を講じた。

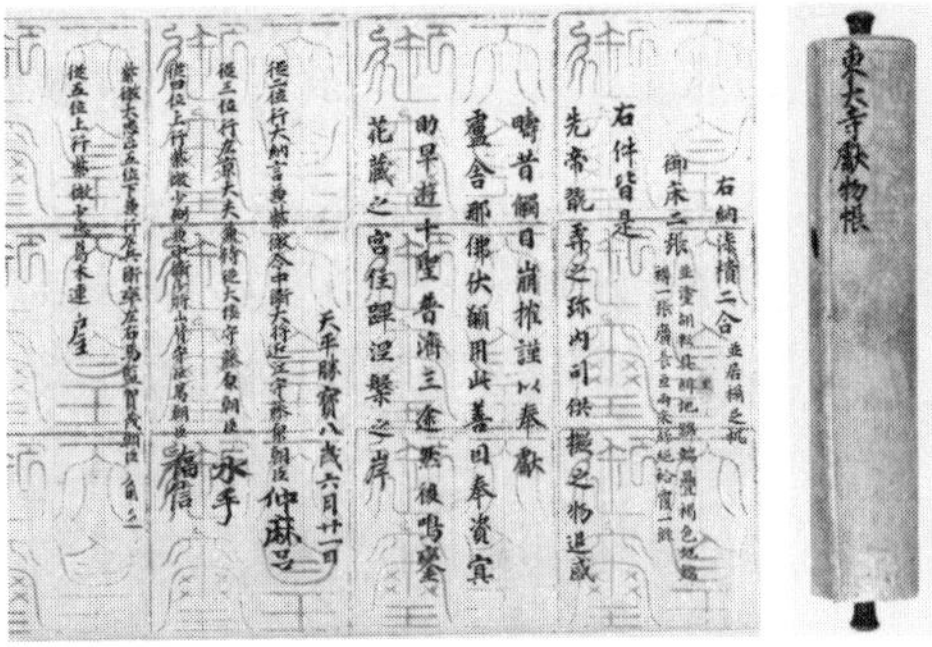

「**国家珍宝帳**」（末尾）　正倉院宝物

五回にわたったが、献納品の目録である「東大寺献物帳《けんもつちょう》」のうち最初の献物帳の別名が「国家珍宝帳《こっかちんぽうちょう》」で、その序文と結語に光明皇太后の想いがつづられている。もはや正倉院宝物についてふれる余裕がないので、その光明皇太后の言葉のみ紹介しよう。

●光明のコトバ　天平勝宝八（七五六）歳六月二十一日

……先帝陛下（聖武）の徳は天地と合致し、その明《めい》は日月とならぶほどである。三宝を尊び、悪事をおさえ国をおさめてよいことを奨励してこられた。その名声はインドや中国にまでおよび、それを慕って菩提僧正や鑑真和上が遠く砂漠や海を越えてわたってきたほどである。それだけでなく、天地の神々はさまざまな祥瑞《しょうずい》を出現させ、人民は聖君としてたたえたのである。……

今、先帝陛下のために、国家の珍宝・さまざまな遺愛の品々などを東大寺に施入し、大仏をはじめとする諸仏を供養《くよう》したい。

……（品目のリスト）……

右のものは、みな先帝遺愛の宝であり、また宮廷で使っていた品々である。これらを目にすると、ありし日のことを思い出して涙がとまらない。これを

正倉院正倉

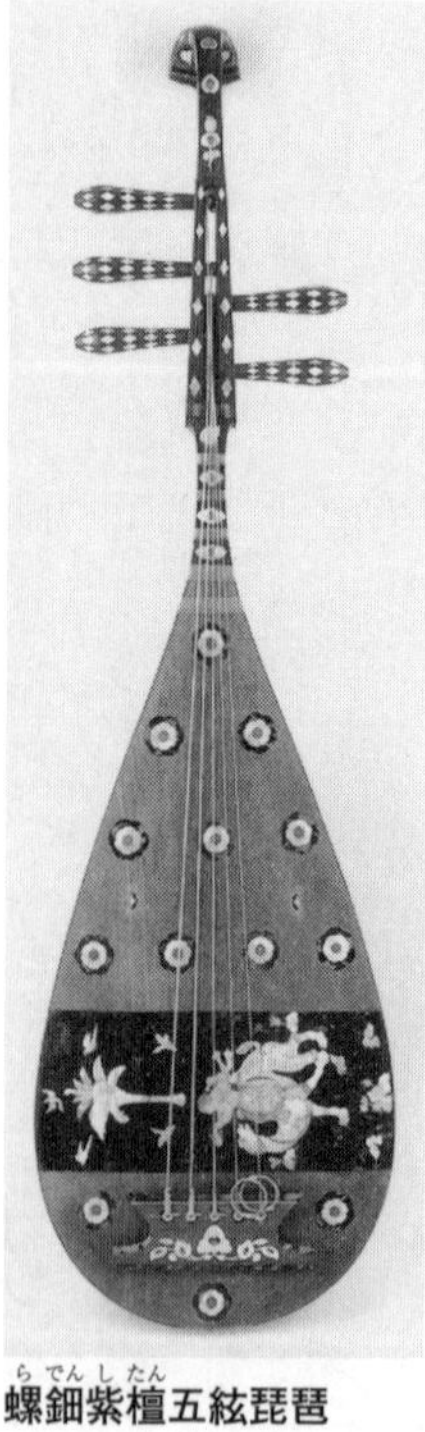

螺鈿《らでん》紫檀《したん》五絃琵琶

銀熏炉《ぎんくんろ》

漆胡瓶

紺瑠璃杯《こんるりのつき》

白瑠璃碗《わん》

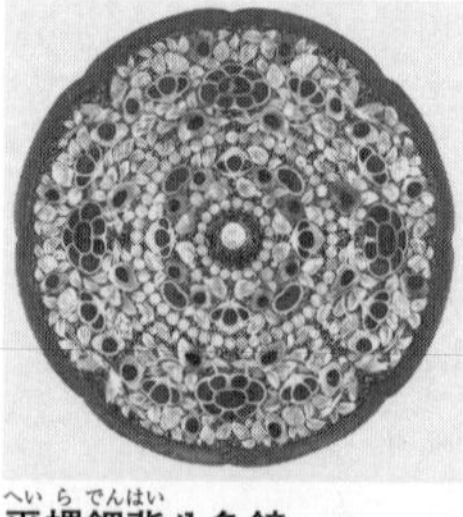

平螺鈿背《へいらでんはい》八角鏡

【正倉院宝物】

> つつしんで大仏に奉献する。願わくばこの善因によって仏の加護をこうむり、先帝の霊が無事に三途の川をわたり涅槃《ねはん》の岸にたどり着かれることを。

聖武と光明との関係についてはさまざまなことが想像できるが、幼なじみとして育ち、不比等の考えどおり一緒になり、天皇・皇后となり、多くの苦難にあってもともに支え合って半世紀を乗り越えてきた「同志」といった間柄だったのではなかろうか。その二人の歩みを総括し、東大寺に夫の遺愛品を献納した時の文章こそが光明の「本音」のように思われる。

『万葉集《まんようしゅう》』には光明が聖武にたてまつった歌が一首ある（巻八―一六五八）。

我が背子と　二人見ませば　いくばくか　この降る雪の　嬉しからまし

聖武上皇は出家していたため、亡くなった時には諡号《しごう》を贈られなかったが、没後二年たった七五八（天平宝字二）年八月に「勝宝感神聖武皇帝」という漢風諡号と「天璽国押開豊桜彦尊《あめしるしくにおしはらきとよさくらひこのみこと》」の和風諡号が贈られた。

その二年後の天平宝字四年六月七日に光明皇太后が亡くなり、聖武陵とならんで佐保山に葬られたのである。

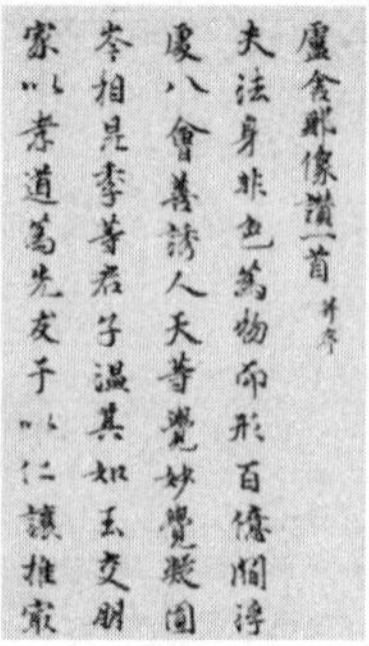

聖武天皇『雑集』 正倉院宝物

光明皇后『楽毅論《がっきろん》』 正倉院宝物

帝王として生きる

ここまで、聖武天皇の語った言葉をいくつか紹介してきたが、これらから読者はどのような人物像をイメージされたであろうか。

一般的にいわれるのは、聖武天皇が繊細な神経の持ち主だったのではないか、ということである。天変地異をとても気にかけ、人びとの動向や意向を気にし、そうした周囲の意見に左右されて、政策が変転し、最後は仏教に没頭してしまった、というように。

たしかに、彼自身が健康に不安があり、しばしば重病に陥ったりしているし、あるいは自筆の書『雑集《ざっしゅう》』を見れば、その書風が繊細で、光明《こうみょう》皇后の雄渾な書と比べると、いかにも「書は人をあらわす」というように思われがちである。

しかし、はたしてそうだろうか。聖武天皇がさまざまな事象やさまざまな人の意見を気にとめながら長いあいだ天皇位にあったのは、理想的な帝王のあり方を強く意識し、そうした帝王に少しでも近づこうとして必死の努力を積み重ねていたようにみえるのである。それが若くして天皇となることが運命づけられ、それを意識してきた聖武の生涯を貫く「真面目さ」によるものであったのではなかろうか。私には、律令《りつりょう》という法律を導入し、その具体的な実施に必死の努力を続けた奈良時代人の「真面目さ」とダブってみえるのである。そして、そのことが聖武を奈良時代を代表する天皇とみるにふさわしい、というのが個人的な感想である。

写真所蔵・提供者一覧(敬称略, 五十音順)

隠岐の島町教育委員会　p. 58
京都府教育庁・奈良国立博物館(撮影:森村欣司)　p. 55中
宮内庁正倉院事務所　p. 49, 81, 85, 86, 88右・左
興福寺・奈良国立博物館(撮影:佐々木香輔)　p. 52右
国立歴史民俗博物館　p. 60
滋賀県教育委員会　p. 55下
朝護孫子寺・奈良国立博物館(撮影:森村欣司)　p. 75
東京大学経済学図書館　p. 19
唐招提寺・奈良国立博物館(撮影:森村欣司)　p. 5, 77
唐招提寺・奈良国立博物館　p. 82
東大寺　カバー表
東大寺・奈良国立博物館(撮影:佐々木香輔)　扉, p. 50, 66, 80
東北歴史博物館　p. 25右・左
名古屋市博物館蓬左文庫　p. 83
奈良文化財研究所　カバー裏, p. 18, 35下右・左
平田寺　p. 79
美祢市教育委員会　p. 74
ボストン美術館・ユニフォトプレス　p. 52左

参考文献

勝浦令子「聖武天皇出家攷」『仏法の文化史』吉川弘文館, 2003年
勝浦令子『孝謙・称徳天皇』ミネルヴァ書房, 2014年
上川通夫「古代天皇と仏教――聖武の構想」『王権の基層へ』新曜社, 1992年
岸俊男「光明立后の史的意義」『日本古代政治史研究』塙書房, 1966年
岸俊男「天皇の出家」『まつりごとの展開』中央公論社, 1986年
岸俊男「平城京へ・平城京から」『日本古代宮都の研究』岩波書店, 1988年
北啓太「聖武天皇」『古代の人物２　奈良の都』清文堂出版, 2016年
木本好信『藤原四子』ミネルヴァ書房, 2013年
熊谷公男「養老四年の蝦夷の反乱と多賀城の創建」『国立歴史民俗博物館研究報告』84, 2000年
熊谷公男「即位宣命の論理と『不改常典』法」『歴史と文化』45, 2010年
坂上康俊『平城京の時代』岩波新書, 2011年
栄原永遠男『聖武天皇と紫香楽宮』敬文舎, 2014年
鈴木拓也『蝦夷と東北戦争』吉川弘文館, 2008年
瀧浪貞子『帝王聖武』講談社選書メチエ, 2000年
瀧浪貞子『光明皇后』中公新書, 2017年
角田文衛「首皇子の立太子」『角田文衛著作集３』法蔵館, 1985年
寺崎保広『長屋王』吉川弘文館, 1999年
寺崎保広「元明天皇即位に関する覚書」『奈良史学』37, 2020年
東野治之「現人神の出家」『図書』580, 1997年
東野治之『鑑真』岩波新書, 2009年
東野治之ほか『平城京の謎』ナカニシヤ出版, 2013年
遠山美都男『彷徨の王権　聖武天皇』角川選書, 1999年
中村順昭『橘諸兄』吉川弘文館, 2019年
橋本義則「紫香楽宮攷」『日本古代宮都史の研究』青史出版, 2018年
本郷真紹『律令国家仏教の研究』法蔵館, 2005年
本郷真紹「聖武天皇の生前退位と孝謙天皇の即位」『日本史研究』657, 2017年
水野柳太郎「いわゆる光明立后の詔について」『奈良史学』26, 2009年
横田健一「安積親王の死とその前後」『白鳳天平の世界』創元社, 1973年
吉川真司「東大寺の古層」『南都仏教』78, 2000年
吉川真司『聖武天皇と仏都平城京』講談社, 2011年
吉田孝『日本の誕生』岩波新書, 1997年
渡辺晃宏『平城京と木簡の世紀』講談社, 2001年

752	天平勝宝4	52	*1-* 上皇不予。*4-9* 大仏開眼会。*6-14* 新羅王子拝朝
753	5	53	*2-9* 遣新羅使任命。*4-* 光明皇太后病。*5-* 渤海使拝朝
754	6	54	*1-* 遣唐副使，鑑真とともに帰国。*4-* 上皇，皇太后，天皇，鑑真より受戒。*7-19* 母・宮子没
755	7	55	*10-* 上皇不予
756	8	56	*2-* 難波・河内行幸。*4-* 上皇不予。*5-2* 聖武太上天皇没。遺詔により道祖王を皇太子とす。*5-19* 上皇を佐保山陵に葬る。*6-21* 遺愛品を東大寺に献納

735	天平7	35	2-27 新羅使を追い返す。3- 遣唐大使，吉備真備，玄昉ら帰京。9-30 新田部親王没。11-14 舎人親王没。この年，不作・天然痘流行し死者多数
736	8	36	2-28 遣新羅使任命。3- 甕原行幸。6- 吉野行幸。7- 元正上皇寝膳不安。8- 遣唐副使帰国
737	9	37	1- 陸奥に持節大使派遣。2-15 遣新羅使が新羅無礼の状を報告。聖武の四夫人に叙位。3-3 国ごとに釈迦三尊・大般若経を備えさせる。4-17 藤原房前没。7-13 藤原麻呂没。7-25 武智麻呂没。8-5 藤原宇合没。9-28 橘諸兄大納言に。12-27 母・宮子が天皇と対面。この年，天然痘大流行
738	10	38	1-13 阿倍内親王皇太子となる。橘諸兄右大臣に。4-17 諸国に最勝王経転読を命ず。6- 新羅使を大宰府より放還
739	11	39	2- 皇后寝膳不安。3- 甕原行幸。12-10 渤海使拝朝
740	12	40	1-13 遣渤海使任命。2- 難波宮・河内知識寺行幸。3-15 遣新羅使任命。5- 橘諸兄の別業に行幸。6-19 諸国に法華経書写と七重塔建立を命ず。9-3 藤原広嗣の乱。10-26 関東に行幸。12- 恭仁宮で新都造営を開始
741	13	41	3-24 国分寺建立の詔。9-12 恭仁京で宅地班給。11-21 新宮を大養徳恭仁大宮と名付く
742	14	42	1-5 大宰府廃止。2- 新羅使を筑前から放還。8- 紫香楽宮造営開始，同宮行幸。12- 紫香楽宮行幸
743	15	43	1-12 諸国に最勝王経転読を命ず。4- 紫香楽宮行幸。新羅使を筑前から放還。5-5 皇太子(阿倍)五節を舞う。墾田永年私財法。7- 紫香楽宮行幸。10-15 紫香楽宮で大仏建立の詔。この年恭仁宮の造営を停む
744	16	44	閏1- 難波宮行幸。閏1-13 安積親王没。2- 紫香楽宮行幸。2-26 難波宮を皇都とする。11- 甲賀寺に大仏骨柱が立つ
745	17	45	5-5 平城宮還都。6-5 大宰府復置。8- 難波宮行幸。金鐘寺を大仏造営の地と定める。9- 天皇不予，平城宮に戻る。この年4月より地震あいつぐ
746	18	46	9-29 恭仁宮大極殿を山背国国分寺に施入
747	19	47	1- 天皇病。3- 皇后，新薬師寺建立を発願。9- 大仏鋳造開始
748	20	48	4-21 元正上皇没。6-4 藤原夫人(武智麻呂娘)没
749	天平勝宝元	49	1- 天皇，行基より受戒。2- 陸奥で金が産出。4-1 産金を大仏に報告。閏5-「太上天皇沙弥勝満」と名乗る。薬師寺宮に行幸。7-2 孝謙天皇に譲位。8- 皇后宮職を紫微中台とす
750	2	50	2-22 聖武上皇，東大寺に行幸。9-24 藤原清河を遣唐大使に任命
751	3	51	10- 上皇不予

聖武天皇とその時代

西暦	年号	齢	おもな事項
701	大宝元	1	*8-* 大宝律令完成。この年首親王と藤原光明子が誕生
702	2	2	*12-22* 持統上皇没
707	慶雲4	7	*6-15* 文武天皇没。*7-17* 元明天皇即位
708	和銅元	8	*2-15* 平城遷都の詔。*3-13* 藤原不比等右大臣に。*8-10* 和同開珎銅銭発行
710	3	10	*3-10* 平城京遷都
714	7	14	*6-25* 首皇子皇太子となる
715	霊亀元	15	*9-2* 元正天皇即位
716	2	16	この年，光明子皇太子妃となる
717	養老元	17	この年，井上皇女誕生
718	2	18	この年，阿倍皇女誕生。不比等，養老律令を撰定
719	3	19	*6-10* 皇太子はじめて朝政を聴く。*7-* 藤原武智麻呂東宮傅に
720	4	20	*5-*『日本書紀』完成。*8-3* 藤原不比等没
721	5	21	*12-7* 元明上皇没
723	7	23	*4-17* 三世一身法を定む
724	神亀元	24	*2-4* 聖武天皇即位。長屋王左大臣に。*3-* 吉野行幸。蝦夷反乱。*4-7* 征夷将軍任命。*8-21* 遣新羅使任命。*10-* 紀伊行幸。*11-* 大嘗祭。この年，多賀城をおく
725	2	25	*3-* 甕原行幸。*5-* 吉野行幸。*7-17* 諸国に金光明経などの転読を命ず。*10-* 難波行幸
726	3	26	*6-* 新羅使拝朝。*10-* 印南野・難波行幸。知造難波宮事任命
727	4	27	*5-* 甕原行幸。*9-* 井上内親王を斎王に。閏*9-29* 光明子が皇子を産む。*11-2* 皇子を皇太子とする
728	5	28	*1-* 渤海使拝朝。*2-16* 遣渤海使任命。*9-13* 皇太子没。*11-3* 造山房司を任命。*12-28* 金光明経を諸国に頒ち転読を命ず。この年，安積親王誕生
729	天平元	29	*2-10* 長屋王の変。*3-4* 藤原武智麻呂大納言に。*8-10* 光明子皇后となる。*9-* 皇后宮職をおく
730	2	30	*8-* 遣渤海使帰国
731	3	31	*8-11* 藤原宇合ら参議に。*9-8*『雑集』書写了。*11-22* 鎮撫使をおく
732	4	32	*1-1* 天皇はじめて朝賀を受く。*1-20* 遣新羅使任命。*3-26* 知造難波宮事に賜物。*5-* 新羅使拝朝。*8-17* 遣唐使任命。節度使任命。夏，旱害
733	5	33	*1-11* 県犬養三千代没。*5-* 皇后枕席不安。*8-17* 天皇，はじめて庶政を聴く。この年飢饉・疫病多し
734	6	34	*3-* 難波行幸。*4-7* 大地震。*9-13* 難波京で宅地班給。*9-24* 大地震

寺崎保広（てらさき　やすひろ）
1955年生まれ
東北大学大学院文学研究科博士課程後期単位取得退学
専攻，日本古代史
現在，奈良大学文学部教授，博士（文学）
主要著書
『長屋王』（人物叢書，吉川弘文館1999）
『藤原京の形成』（日本史リブレット 6，山川出版社2002）
『古代日本の都城と木簡』（吉川弘文館2006）
『若い人に語る奈良時代の歴史』（吉川弘文館2013）

日本史リブレット人 007
聖武天皇《しょうむてんのう》
帝王としての自覚と苦悩

2020年 3 月20日　1 版 1 刷　印刷
2020年 3 月25日　1 版 1 刷　発行

著者：寺崎保広《てらさきやすひろ》

発行者：野澤伸平

発行所：株式会社 山川出版社

〒101－0047　東京都千代田区内神田 1 －13－13
電話　03(3293)8131(営業)
　　　03(3293)8135(編集)
https://www.yamakawa.co.jp/
振替　00120-9-43993

印刷所：明和印刷株式会社

製本所：株式会社 ブロケード

装幀：菊地信義＋水戸部功

Printed in Japan ISBN 978-4-634-54807-7

日本史リブレット人

1 卑弥呼と台与 —— 仁藤敦史
2 倭の五王 —— 森　公章
3 蘇我大臣家 —— 佐藤長門
4 聖徳太子 —— 大平　聡
5 天智天皇 —— 須原祥二
6 天武天皇と持統天皇 —— 義江明子
7 聖武天皇 —— 寺崎保広
8 行基 —— 鈴木景二
9 藤原不比等 —— 坂上康俊
10 大伴家持 —— 鐘江宏之
11 桓武天皇 —— 西本昌弘
12 空海 —— 曾根正人
13 円仁と円珍 —— 平野卓治
14 菅原道真 —— 大隅清陽
15 藤原良房 —— 今　正秀
16 宇多天皇と醍醐天皇 —— 川尻秋生
17 平将門と藤原純友 —— 下向井龍彦
18 源信と空也 —— 新川登亀男
19 藤原道長 —— 大津　透
20 清少納言と紫式部 —— 丸山裕美子
21 後三条天皇 —— 美川　圭
22 源義家 —— 野口　実
23 奥州藤原三代 —— 斉藤利男
24 後白河上皇 —— 遠藤基郎
25 平清盛 —— 上杉和彦
26 源頼朝 —— 高橋典幸
27 重源と栄西 —— 久野修義
28 法然 —— 平　雅行
29 北条時政と北条政子 —— 関　幸彦
30 藤原定家 —— 五味文彦
31 後鳥羽上皇 —— 杉橋隆夫
32 北条泰時 —— 三田武繁
33 日蓮と一遍 —— 佐々木馨
34 北条時宗と安達泰盛 —— 福島金治
35 北条高時と金沢貞顕 —— 永井　晋
36 足利尊氏と足利直義 —— 山家浩樹
37 後醍醐天皇 —— 本郷和人
38 北畠親房と今川了俊 —— 近藤成一
39 足利義満 —— 伊藤喜良
40 足利義政と日野富子 —— 田端泰子
41 蓮如 —— 神田千里
42 北条早雲 —— 池上裕子
43 武田信玄と毛利元就 —— 鴨川達夫
44 フランシスコ＝ザビエル —— 浅見雅一
45 織田信長 —— 藤田達生
46 徳川家康 —— 藤井讓治
47 後水尾天皇と東福門院 —— 山口和夫
48 徳川光圀 —— 鈴木暎一
49 徳川綱吉 —— 福田千鶴
50 渋川春海 —— 林　淳
51 徳川吉宗 —— 大石　学
52 田沼意次 —— 深谷克己
53 遠山景元 —— 藤田　覚
54 酒井抱一 —— 玉蟲敏子
55 葛飾北斎 —— 小林　忠
56 塙保己一 —— 高埜利彦
57 伊能忠敬 —— 星埜由尚
58 近藤重蔵と近藤富蔵 —— 谷本晃久
59 二宮尊徳 —— 舟橋明宏
60 平田篤胤と佐藤信淵 —— 小野　将
61 大原幽学と飯岡助五郎 —— 高橋　敏
62 ケンペルとシーボルト —— 松井洋子
63 小林一茶 —— 青木美智男
64 鶴屋南北 —— 諏訪春雄
65 中山みき —— 小澤　浩
66 勝小吉と勝海舟 —— 大口勇次郎
67 坂本龍馬 —— 井上　勲
68 土方歳三と榎本武揚 —— 宮地正人
69 徳川慶喜 —— 松尾正人
70 木戸孝允 —— 一坂太郎
71 西郷隆盛 —— 徳永和喜
72 大久保利通 —— 佐々木克
73 明治天皇と昭憲皇太后 —— 佐々木隆
74 岩倉具視 —— 坂本一登
75 後藤象二郎 —— 鳥海　靖
76 福澤諭吉と大隈重信 —— 池田勇太
77 伊藤博文と山県有朋 —— 西川　誠
78 井上馨 —— 神山恒雄
79 河野広中と田中正造 —— 田崎公司
80 尚泰 —— 川畑　恵
81 森有礼と内村鑑三 —— 狐塚裕子
82 重野安繹と久米邦武 —— 松沢裕作
83 徳富蘇峰 —— 中野目徹
84 岡倉天心と大川周明 —— 塩出浩之
85 渋沢栄一 —— 井上　潤
86 三野村利左衛門と益田孝 —— 森田貴子
87 ボアソナード —— 池田眞朗
88 島地黙雷 —— 山口輝臣
89 児玉源太郎 —— 大澤博明
90 西園寺公望 —— 永井　和
91 桂太郎と森鷗外 —— 荒木康彦
92 高峰譲吉と豊田佐吉 —— 鈴木　淳
93 平塚らいてう —— 差波亜紀子
94 原敬 —— 季武嘉也
95 美濃部達吉と吉野作造 —— 古川江里子
96 斎藤実 —— 小林和幸
97 田中義一 —— 加藤陽子
98 松岡洋右 —— 田浦雅徳
99 溥儀 —— 塚瀬　進
100 東条英機 —— 古川隆久

〈白ヌキ数字は既刊〉